当代体育教育理论与管理研究

侯 昆 著

中国商业出版社

图书在版编目(CIP)数据

当代体育教育理论与管理研究 / 候昆著. -- 北京 :
中国商业出版社，2024.1
ISBN 978－7－5208－2869－7

Ⅰ. ①当… Ⅱ. ①候… Ⅲ. ①体育教育－研究 Ⅳ.
①G807

中国国家版本馆 CIP 数据核字(2024)第 016530 号

责任编辑:朱丽丽

中国商业出版社出版发行
(www.zgsycb.com　100053　北京广安门内报国寺 1 号)
总编室:010－63180647　编辑室:010－63033100
发行部:010－83120835/8286
新华书店经销
北京虎彩文化传播有限公司印刷
*
787 毫米×1092 毫米　16 开　8 印张　139 千字
2024 年 1 月第 1 版　2024 年 1 月第 1 次印刷
定价:45.00 元
*　*　*　*
(如有印装质量问题可更换)

前　言

随着社会的进步和科技的发展，体育教育在人类生活中的地位逐渐提升。它不仅关乎个体的身心健康，更影响着整个社会的活力与和谐。体育教育理论与管理研究，是推动体育教育发展的重要力量，对提高教育质量、培养全面发展的人才具有至关重要的作用。

在当今社会，体育教育的功能和价值已不再局限于传统的强身健体，它更多地涉及培养学生的综合素质、促进个体全面发展。因此，对体育教育理论与管理的研究显得尤为重要。它有助于我们理解体育教育的深层含义，把握其发展趋势，从而更好地服务于教育事业。

本书从当代体育教育概述入手，介绍了当代体育课程设计与实施、当代体育教育管理理论，并探讨了当代体育教育管理的创新与应用。希望本书的出版能够为读者提供当代体育教育理论与管理研究方面的帮助。

在写作过程中，笔者参阅了相关文献资料，在此谨向其作者深表谢忱！由于水平有限，疏漏和缺点在所难免，希望得到广大读者的批评指正，并衷心希望同行不吝赐教。

侯　昆

2024 年 1 月

前言

目 录

第一章　当代体育教育概述

第一节　体育教育的基本概念

一、体育教育的定义

(一)体育教育的本质

体育教育的本质是指体育与教育相结合的一种教育形式。体育是指通过运动、游戏和身体活动等方式来提高个体的身体素质、心理素质和社会素质的一种活动。教育是指通过教育活动来培养人的各方面能力和素质以实现自己的全面发展。体育教育的本质就是通过体育活动来实现教育的目的。①

体育教育作为一种独特的教育形式,具有其独特的本质。体育教育注重培养学生的身体素质。体育活动可以促进学生的身体发育和健康成长,提高他们的基本运动能力和协调能力。体育教育注重培养学生的心理素质。体育活动可以培养学生的勇气、毅力和自信心,培养他们积极向上的心态和良好的情绪调控能力。体育教育注重培养学生的社会素质。体育活动可以提高学生的团队合作意识和集体荣誉感,培养他们的合作精神和集体主义观念。②

体育教育的本质不仅在于培养学生的身体素质、心理素质和社会素质,还在于其作为一种教育形式对学生的全面发展产生积极影响。通过体育活动,学生可以体验到身体运动的乐趣,激发他们对体育的兴趣和热爱,并培养他们终身参与体育运动的意识和习惯。同时,体育教育还可以促进学生的认知能力和学习能力的提升,培养他们的创新思维和解决问题的能力。

---

① 黄彦军. 体育教育学科核心素养提升读本[M]. 广州:广东高等教育出版社,2021:7—8.

② 汪全先. 新时代体育教育专业学生综合素养培育研究[M]. 北京:中国书籍出版社,2023:56—57.

(二)体育教育的范畴

体育教育的范畴是指体育教育所涉及的领域和内容。体育教育的范畴非常广泛,包括学校体育教育、社区体育教育、职业体育教育等多个层面。

学校体育教育是体育教育的重要组成部分。在学校体育教育中,通过学校体育课程的开设,培养学生的体育技能、体育意识和体育素养。学校体育教育不仅关注学生的身体发展,更注重培养学生的团队精神、协作能力和自律意识。

社区体育教育是体育教育的延伸和拓展。社区体育教育是指在社区层面开展的体育教育活动,旨在促进社区居民的身体健康和社交互动。社区体育教育涵盖了各种运动项目,如健身操、游泳、篮球等,让居民能够享受体育运动的乐趣,从而提高身体素质。

职业体育教育是针对专业运动员培养的体育教育领域。职业体育教育注重培养运动员的专业技能和竞技水平,通过专业训练和比赛,提升运动员在特定体育项目上的实力。职业体育教育包括各个运动项目,如足球、网球、游泳等。

体育教育的范畴还包括休闲体育教育、残障人士体育教育等。休闲体育教育旨在通过各种形式的体育活动,提供健康的娱乐方式,促进人们的身心健康。残障人士体育教育则针对残障人士群体开展,旨在通过体育运动,提高残障人士的身体机能和生活质量。①

二、体育教育的目标

(一)培养体育技能

对于体育教育而言,培养学生的体育技能是一个重要的目标。体育技能的培养不仅是为了学生在体育活动中表现出色,更是为了帮助他们提高身体素质、增强身体功能、培养身体协调性和灵活性。因此,体育技能的培养在体育教育中占据着重要的位置。②

---

① 施小花. 当代高校体育教育理论与发展探究[M]. 长春:吉林人民出版社,2021:11—12.

② 谢明. 高校体育教育理论探索与实务研究[M]. 长春:吉林人民出版社,2020.

体育技能的培养需要教师设计科学合理的训练计划，并通过科学的训练方法进行指导。教师应根据学生的身体条件和兴趣特点，制定适宜的训练内容和难度。例如在篮球教学中，可以从基本的运球、传球、投篮等技能开始，逐渐提高难度，引导学生掌握更高级的战术技能和比赛技巧。

体育技能的培养需要注重学生的实际操作和实践体验。学生仅掌握理论知识是不够的，还需要亲自动手、反复练习，才能真正掌握和运用所学的体育技能。因此，在体育教学过程中，教师应该创造条件让学生进行实际操作，如组织比赛、进行模拟训练等，以便提供学生实践锻炼的机会。

培养学生的体育技能还需要给予充分的肯定和激励。无论学生的进步程度如何，教师都应该及时给予认可和鼓励，帮助学生树立自信，激发他们对体育技能的兴趣和热情。教师还要引导学生通过比较学习，与他人相互交流学习，以促进技能的提高和进步。

（二）培养团队协作精神

培养团队协作精神是体育教育的重要目标之一。团队协作精神不仅在体育活动中起着关键作用，而且在日常生活和工作中也是必不可少的素养。体育教育通过各种团体运动和集体项目，培养学生在团队中相互合作、相互支持的能力。

体育教育通过团体项目，如足球、篮球、排球等，让学生深入体验到团队协作的重要性。在团队项目中，每个队员都扮演着不同的角色，需要相互配合和合作才能取得成功，例如足球比赛中的传接球、组织进攻、防守配合等，都需要队员之间紧密配合、默契配合，互相信任和理解。这样的团队协作让学生意识到个人的力量是有限的，只有与他人合作才能取得更好的成果。

体育教育还通过集体项目，如舞蹈、健美操、合唱等，培养学生的团队合作精神。在这些项目中，学生需要同步动作、统一节奏、协调配合，才能呈现出完美的表演。在这个过程中，他们需要学会倾听、理解和尊重他人的意见，学会在团队中共同努力，追求共同的目标。通过这样的集体项目，学生不仅能够培养团队协作精神，还能增强彼此之间的友谊和凝聚力。

体育教育还通过团体竞技，如田径比赛、篮球赛等，培养学生的团队协作意识。在这样的竞技活动中，团队的胜利不仅依靠个人的表现，更需要整个团队的努力和合作。每个队员都需要明确自己的职责，并积极为团队贡献力量。团队成员之间相互激励、相互帮助，共同攻克难关，达到共同的目标。这样的体验让学生明白，成功离不开团队，团队的力量是无限的。

（三）塑造健康的生活方式

在体育教育的目标中，塑造健康的生活方式被视为一项重要任务。健康的生活方式的培养不仅关乎学生的身体健康，更直接影响着他们的终身发展和幸福感。

通过体育教育培养健康的生活方式，学生可以获得正确认识和应对自身身体状况的能力。他们将学会关注自己的身体健康，并学会通过参与体育活动来维持和提升自己的健康水平。例如，他们会学习如何根据自身情况合理安排运动时间和强度，如何选择适合自己的运动方式与项目。这样的能力培养将使学生在长期的生活中能够主动关注自己的健康状况，避免疾病的发生和不良习惯的养成。

体育教育的目标之一是通过培养健康的生活方式，使学生养成积极、乐观的心态。在体育活动中，学生需要面对各种困难和挑战，需要克服自身的弱点和不足。通过这样的过程，他们培养出积极向上、坚韧不拔的品质，形成健康心态。在面对生活中的各种挫折和困难时，他们将能够以积极的心态去应对，从而更好地适应社会的变化和发展。①

通过体育教育培养健康的生活方式，还可以激发学生对体育运动的兴趣和热情。体育活动是一个有趣的、多样化的领域，通过参与体育运动，学生将体验到运动的乐趣和快乐。这将使他们不断积极地参与体育活动，形成长期坚持运动的习惯。而习惯长期参与体育运动的学生一般能够保持较高的健康水平，更容易养成积极向上的生活态度和良好的生活习惯。

三、体育教育的内容

（一）基础体育技能教学

基础体育技能教学是体育教育中非常重要的一个方面。它包括对学生基本体育技能的培养和训练。在基础体育技能教学中，学生会学习到一系列的基本运

① 林丽芳．现代高校体育教育专业多维构建[M]．北京：北京出版社，2021：9—10.

动技能，如跑步、跳远、投掷等。通过掌握这些基础技能，学生的身体素质得到了全面提高，为他们未来参与各种体育运动奠定了坚实的基础。

在基础体育技能教学中，首先需要确定学生的起点和目标。每个学生的起点都不同，要根据学生的实际情况，了解他们在各项基础技能上的水平，然后制订个性化的学习计划。接下来，教师应该选择合适的教学方法和教具，通过示范、讲解和练习等方式，帮助学生逐步掌握各种基本技能。

基础体育技能教学还应注重培养学生的协调能力和团队合作精神。在教学过程中，教师可以设计一些团体活动或小组竞赛，让学生能够在合作中相互帮助、相互理解。这样不仅能够提高学生的合作能力，还能增加他们对体育运动的兴趣和热爱。

基础体育技能教学应当注重培养学生的自信心。在学习过程中，学生可能会遇到各种困难和挑战。作为教师，需要不断鼓励学生，给予他们正确的引导和反馈，帮助他们克服困难，提高技能水平。学生只有在学习中取得了一定成就，才会愿意坚持下去，不断提高自己。

（二）竞技体育技能教学

竞技体育技能教学是体育教育内容的重要组成部分。通过竞技体育技能教学，学生可以全面提升自己在不同竞技项目中的技能水平，培养良好的竞技精神和团队合作意识。下面将重点介绍竞技体育技能教学的几个关键要素。

1.竞技体育技能教学要注重技术训练

在教学过程中，教师应重点培养学生在特定竞技项目中所需的基本技术。通过反复的练习和指导，学生可以逐渐掌握正确的动作技巧，提高动作的精准度和稳定性。同时，教师还应根据学生的实际水平，设置适当的训练内容和难度，激发学生的学习兴趣和动力。

2.竞技体育技能教学要注重战术训练

除了掌握基本的技术动作以外，学生还需要学习和理解不同竞技项目中的战术要领。教师可以通过分析比赛视频、讲解实例等方式，向学生介绍常见的战术策略和技巧，帮助他们掌握在比赛中的正确应对方式。通过战术训练，学生可以更好地理解竞技体育的复杂性，提升自己在比赛中的应变能力。[①]

3. 竞技体育技能教学要注重身体素质的培养

竞技体育项目对学生的身体素质要求非常高，因此教师应通过多样化的体能训练，提升学生的耐力、力量、速度、柔韧性等方面的综合能力。通过系统的身体素质训练，学生可以增强体能水平，为更好地应对竞技体育项目的要求打下坚实的基础。

4. 竞技体育技能教学要注重心理素质的培养

竞技体育项目的比赛强度和压力都比较大，因此学生需要具备良好的心理素质来面对各种挑战和困难。教师可以通过训练学生的竞技心理素质，如自信心、集中力、应变能力等，帮助他们更好地应对比赛中的各种情况。同时，教师还应该加强对学生的心理辅导和关爱，帮助他们建立积极的竞技态度。

(三)体育理论知识教学

在体育教育的内容中，体育理论知识教学起着重要的作用。体育理论知识是指对体育运动规律、体育训练方法、运动生理学等相关知识的学习和掌握。通过体育理论知识的教学，学生能够深入了解体育运动的本质和规律，更好地理解和掌握体育训练过程中的技巧和方法。

体育理论知识教学可以帮助学生建立起对体育运动的整体认知。体育理论知识包括对不同体育项目的规则、比赛方法、技术要领等内容的学习。通过了解不同项目的规则和要求，学生能够形成对不同运动项目的整体了解，从而有助于他们在实际活动中的运用和表现。

体育理论知识教学使学生能够深入了解体育运动的科学性和系统性。体育运动不仅是简单的身体动作，背后还蕴含着丰富的科学理论和训练方法。通过学习体育理论知识，学生能够了解体育运动的科学原理，从而更好地指导自己的训练和竞技。体育理论知识也能够帮助学生认识到体育运动的系统性，即各个方面的相互联系和协调，让他们更好地理解体育运动的综合性和复杂性。

---

① 王冬梅. 高校体育教育创新发展研究[M]. 长春：吉林人民出版社，2021:22—23.

体育理论知识教学还能够培养学生的学习能力和思维能力。通过学习体育理论知识,学生需要进行知识的吸收、整理和应用,这促使他们培养了解问题、分析问题和解决问题的能力。对于一些体育理论知识的掌握需要学生进行推理和演绎,这也有助于他们培养逻辑思维能力和创新思维能力。

体育理论知识教学还能够培养学生对体育运动的兴趣和热爱。通过对体育理论知识的学习,学生能够更好地了解和认识到体育运动的丰富内涵和意义,从而激发他们对体育的兴趣和热爱。这不仅能够增强学生的学习动力,还能够培养他们长期参与体育运动的意愿和能力。

(四)体育与社会的关系教学

在体育教育的内容中,体育与社会的关系教学是一个重要的组成部分。体育作为一项具有深厚历史和广泛影响的活动,与社会密不可分。通过体育与社会的关系教学,可以使学生进一步认识到体育不仅是一种运动方式,更是一种社会现象。

体育与社会的关系教学可以帮助学生认识到体育在社会中所扮演的重要角色。体育作为一种社交活动,在社会中具有重要的交流和沟通作用。通过体育与社会的关系教学,学生可以了解到体育如何促进社会团结,增强社会凝聚力。他们还可以认识到体育在社会经济发展中的作用,体育产业的繁荣对于社会经济的发展起着积极的推动作用。①

体育与社会的关系教学可以培养学生的社会责任感和公民意识。通过体育与社会的关系教学,学生可以了解到体育与社会的关系不仅是一种利益关系,更是一种责任关系。体育作为一种公共资源,应该为社会公众提供公平的机会。通过体育与社会的关系教学,学生可以认识到自己作为体育从业者或体育参与者,应该肩负起推动公平、公正、公开的责任。

体育与社会的关系教学可以帮助学生认识到体育对社会变革的积极影响。体育运动在历史上常常伴随社会进步和变革。通过体育与社会的关系教学,学生可以了解到体育运动在推动社会进步和变革方面的重要作用。体育可以促进性别平等、消除种族歧视、强调健康生活方式等社会价值观。体育与社会的关系教

① 韩奇. 现代体育教育与健康促进实施路径探索[M]. 北京:中国书籍出版社,2022:30—34.

学可以激发学生对社会变革的关注，并鼓励他们以体育为桥梁，为社会进步做出贡献。

体育与社会的关系教学可以培养学生的社会批判思维和综合分析能力。通过体育与社会的关系教学，学生可以学习到运动社会学等相关学科的知识，了解到体育活动背后的社会文化、政治、经济等因素。学生可以通过学习这些知识，培养对体育与社会关系的批判性思维和综合分析能力，从而更好地理解和把握体育与社会的复杂关系。

四、体育教育的重要性

（一）对个人全面发展的影响

体育教育作为一种全面培养个人的教育方式，对个人全面发展起着重要的影响。体育教育通过体育运动的参与，能够促进个人身体素质的提高。通过体育锻炼，个人的体力、耐力和柔韧性等身体素质得到有效增强。这不仅有助于个人在运动中更好地发挥自己的能力，还能提高个人平时的生活质量，增强抵抗疾病的能力。

体育教育还有助于培养个人的协作精神与团队意识。在团队体育项目中，个人需要与队友密切配合，共同完成比赛任务。这要求个人具备良好的协作能力和团队精神，能够在团队中发挥自己的作用，同时也能够包容与理解他人。通过体育教育的培养，个人能够更好地处理与他人之间的关系，培养团队合作的意识，这对于个人未来的社交和职业发展都具有重要意义。

体育教育对于个人的性格塑造与健康心理的培养也起到积极的推动作用。在体育运动中，个人需要克服困难和挑战自我，这种拼搏的精神能够使个人形成积极乐观的态度，增强自信心。同时，体育运动也是释放压力与情绪的有效途径，能够减轻学习和工作压力，调节情绪状态，提升心理健康水平。通过体育教育的引导，个人能够更好地掌控自身情绪，具备解决问题和适应环境的能力。

（二）对社会和谐稳定的作用

体育教育作为一项重要的社会教育活动，对社会和谐稳定具有重要的作用。体育教育能够培养人们的团队合作意识和集体荣誉感，使个体逐渐从自我中心转向集体利益。在体育比赛和训练中，个人需要与队友相互配合、协作，共同争取胜利，这无疑培养了人们的社会合作能力。通过团队合作的实践，人们能够增强对他人的尊重和理解，在社会中形成积极向上的互助精神，进而促进社会的和谐发展。

体育教育能够帮助人们培养健康的竞争意识和正确的竞争观念。体育比赛是一个竞争的过程，每个参与者都希望获得胜利。然而，体育教育强调的不仅是获胜，更重要的是通过竞争提高个人能力和素质。在竞争中，个人需要不断超越自己、战胜自己，同时也需要尊重对手、遵守规则。这种积极的竞争观念有助于个人的健康成长，并且在社会中形成良好的竞争氛围，推动社会的稳定发展。

体育教育还能够培养人们的纪律性和责任感。在体育活动中，个人需要严格遵守规则和纪律，同时也需要承担自己的责任。只有自律和责任感，才能使体育活动得以顺利进行，并取得良好的效果。通过体育教育的培养，人们能够养成自律的习惯，懂得依法行事和承担责任，这对于社会的和谐稳定具有重要意义。

（三）对国家竞争力的提升

体育教育作为一门重要的教育领域，对国家竞争力的提升有着重要的意义。在当今世界竞争日益激烈的背景下，国家竞争力的提升成为各国关注的焦点。体育教育在提高国家竞争力方面有着举足轻重的作用。

体育教育可以培养人才的竞争力。通过体育教育的实施，国家可以培养出一批批具备优秀体育素质和竞技能力的人才。这些人才在国际体育赛事中代表国家参赛，取得优异成绩，不仅可以彰显国家的实力和形象，还能够为国家争夺荣誉和利益。体育教育还可以通过发掘和培养运动员的潜力，为国家输送更多的优秀人才，为国家的各个领域提供坚实的人才支持。①

体育教育有助于形成国家体育文化的特色，提升国家的软实力。体育作为一种特殊的文化形式，通过培养和传播各种体育活动与精神，可以激发公民的爱国情感和集体荣誉感。国家借助体育教育，可以打造出独特、精彩的国家体育文化，推动国家形象的建设和传播。这不仅能够吸引外国人的关注和尊重，还可以为国家的经济、政治和外交赢得更多的支持和合作机会。

① 凌晨．基于成果导向的我国体育教育专业认证指标体系研究[M]．武汉：华中师范大学出版社，2021:61－62.

体育教育对国家的社会稳定与和谐发展具有重要影响。通过体育活动的开展,可以增强国民的身体素质和健康意识,提高人民的整体生活质量。体育活动可以培养人们的团队意识和合作精神,增进社会成员之间的相互理解和沟通。通过广泛开展社区体育、学校体育等体育教育活动,可以促进社会的融合与和谐发展,缓解社会矛盾。

第二节　当代体育教育的理论基础

一、身体发展的理论基础

(一)生理发展理论

生理发展理论是体育教育的重要理论基础之一。它以人体生理发展为研究对象,探讨了人体各个系统在生长发育过程中的变化规律及其对体育教育的影响。生理发展理论的研究包括身高、体重、肌肉力量、心血管耐力等方面的变化及其与运动能力的关系。

生理发展理论强调了生理指标与运动能力的关系。研究显示,随着年龄的增长,人体各项生理指标都会发生相应的变化,这些变化会对个体的运动能力产生影响。例如,身高增长可以影响运动员在某些项目中的优势;肌肉力量的增强可以提升爆发力和力量表现;心血管耐力的改善可以延缓疲劳,提高长时间的有氧运动能力。因此,了解生理发展规律,可以帮助教育者制订科学的体育教学计划,培养学生的运动能力。

生理发展理论还关注了不同阶段的生理特点。在儿童和青少年时期,生理发展速度较快,各项生理指标都在快速变化,这一时期的体育教育应特别注重塑造良好的运动基础和培养全面发展的运动能力。而在成年以后,生理发展速度逐渐减缓,这一时期的体育教育应注重维持和提高运动能力,从而促进身体的健康发展。

生理发展理论还强调了个体差异对体育教育的影响。由于遗传、环境、生活方式等因素的不同,每个人的生理发展都存在差异。有些人在特定的生理指标上可能有天生的优势或劣势,这对体育教育提出了差异化的要求。教育者需要根据学生的个体差异，制订个性化的教学方法和训练计划，以促进每个学生在体育教育中的全面发展。

(二)运动生物力学理论

运动生物力学是体育教育中的重要理论基础之一，它对身体的发展和技能学习起着重要的指导作用。运动生物力学研究运动过程中产生的力和运动的机械原理，通过对运动的力学分析来揭示身体在运动中的各种力学参数和运动特点。

在运动生物力学的理论框架下，我们可以对人体在活动中的力学特征进行深入研究。通过测量和分析人体在不同运动状态下的关节角度、速度和加速度等参数，帮助我们理解不同运动形式对身体的影响。例如在研究跑动时，我们可以测量运动员的步频、步幅、支撑时间等关键指标，并借助运动生物力学理论，解析如何通过调整身体姿势和力的作用方式来提高运动效能。

运动生物力学也可用于对技能学习过程中的动作分析和优化。通过对运动技能的运动学和动力学参数进行测量与分析，我们可以更好地理解技能的执行方式和效果。在体育教育中，我们可以借助运动生物力学的理论来分析学生在学习体育动作时的关键点、动作路径和力的作用方式，从而提供有效的指导和训练方法。例如在教授击球技术时，我们可以通过运动生物力学的分析，帮助学生理解正确的击球姿势和力的作用方式，从而提高技能的学习效果。

运动生物力学的理论也为身体发展提供了重要的依据。通过对不同年龄段人体力学特征的研究，我们可以了解到身体在不同发育阶段的特点和规律。基于这些研究结果，我们可以设计和优化体育教育中的训练计划和课程设置，以促进儿童和青少年的身体发展。例如通过运动生物力学的分析，我们可以确定不同年龄段的儿童在进行某些运动时的适宜姿势和力的应用方式，从而有效地促进他们的身体发展。

(三)运动营养学理论

运动营养学是体育教育中的重要理论基础，它研究了在运动过程中营养摄入对身体发展和运动能力的影响。运动营养学的研究内容主要包括对食物组成、摄入量以及时间的科学调配，以满足运动员在训练和比赛过程中对能量与养分的需求，并提高运动表现。下面将重点介绍运动营养学的三个重要理论，即运动前、运动过程中和运动后的营养需求。

运动前的营养需求是指在运动前摄入适量的能量和养分，以提供足够的能量供给和预防低血糖。在运动前，运动员需要摄入易消化的碳水化合物和少量蛋白质，以补充肌糖原和酐糖原，并提供快速的能量源。运动员还应注意水分的摄入，以保持水分平衡，避免脱水对运动表现的不利影响。

运动过程中的营养需求是指在运动过程中及时补给适量的能量和养分，以保持肌肉的供能和提高运动表现。在长时间、高强度的运动中，肌肉糖原储备和体内能量储备逐渐消耗，为了延缓肌肉疲劳和提高运动能力，运动员需要通过适量的碳水化合物和一定比例的蛋白质来补充能量和修复肌肉组织。饮水也十分重要，合理的水分摄入可以维持体温、保持血液循环和代谢平衡，帮助运动员保持良好的运动状态。①

运动后的营养需求是指在运动后及时提供适量的能量和养分，以促进肌肉恢复和身体修复。在运动后，运动员的肌肉糖原储备消耗严重，身体处于一个代谢旺盛的状态，因此及时补充高质量的碳水化合物和蛋白质是十分重要的。碳水化合物可以迅速补充肌肉糖原，并提供能量；蛋白质则有助于修复受损的肌肉组织和促进肌肉生长。同时，水分的摄入也不可忽视，以恢复身体水分平衡和保证正常的代谢功能。

二、技能学习的理论基础

（一）运动心理学理论

运动心理学是指研究运动和体育活动中心理过程与行为的学科领域，其理论基础对于体育教育的实践具有重要的指导作用。在当代体育教育中，运动心理学理论为学生的技能学习和发展提供了重要支持。

运动心理学理论关注运动员的心理状态对于技能学习的影响。通过正确认识和处理运动员在训练和比赛中的心理反应，教练员可以辅助运动员建立积极的心理状态，从而促进他们在技能学习过程中取得更好的成效。例如，通过运用心

---

① 侯彦朝．现代体育教育与运动训练协同发展研究［M］．长春：吉林人民出版社，2022：44－45.

理调节、心理训练等方法，可以改善运动员焦虑、压力等负面情绪，提高专注力和自信心，进而更好地投入到技能学习中。

运动心理学理论还强调运动员的动机对于技能学习的影响。学生在体育教育中的技能习得与其动机密切相关。研究表明，对学习的自主性和自我效能感的提升，能够促进学生对技能学习的积极投入。因此，在教学过程中，教练员应充分激发学生的内在兴趣，并为他们提供积极的学习体验，从而增强他们对技能学习的动机和意愿。

运动心理学理论还关注认知和情绪因素对于技能学习的影响。研究表明，运动员的判定能力、决策能力以及有效应对压力和不确定性的能力，都会直接影响他们的技能学习效果。因此，在体育教育中，教练员可以通过促进运动员的认知与情绪能力的培养，提高他们的技能学习能力。例如，通过培养运动员的注意力、集中力以及专注力，可以更好地掌握和运用技术要领，提高训练或比赛中的技巧水平。[①]

（二）技能习得理论

在当代体育教育中，技能习得理论扮演着至关重要的角色。它是一种理论框架，用来解释和指导个体在学习新技能过程中的认知与行为变化。技能习得理论从认知、运动和心理等多个方面分析了技能学习的过程，并提供了有效的教学方法和策略，以促进学生的技能发展和运动能力的提高。

1. 技能习得理论强调个体在技能学习过程中的认知活动

学生在获得新技能时，需要对外界信息进行感知、理解、处理和运用。比如在学习篮球投篮技巧时，学生需要通过观察和分析他人的投篮动作，理解动作的关键要素，并且能够在实践中灵活运用这些要素。认知活动的发展是技能习得的基础，教师应该提供适当的教学材料和指导，帮助学生构建正确的认知模型，并且激发学生的思维和创新能力。

2. 技能习得理论还强调个体在技能学习过程中的运动表现

通过不断的练习和反馈，学生可以逐渐掌握和改进技能的动作执行。例如在

① 孙丽娜. “以人为本”高校体育教育研究[M]. 天津：天津科学技术出版社，2020：77—78.

学习游泳技巧时，学生需要通过反复地练习来熟悉每个动作的细节和顺序，并且在教师的指导下进行技术修正。在实践中，运动表现不仅包括动作的正确性，还包括动作的协调性、流畅性和效果性。教师应该关注学生的运动表现，并通过适当的反馈和辅导帮助他们改善动作的执行。

3. 技能习得理论还关注个体在技能学习过程中的心理因素

心理因素涉及个体对任务目标的意识、情绪和动机等方面。在技能学习中，学生需要明确自己的学习目标，并且保持积极的学习情绪和学习热情。比如，在学习乒乓球发球技巧时，学生需要设定具体的发球目标，并且保持自信和专注的心态。教师应当提供鼓励和支持，并且设计各种有趣和具有挑战性的学习活动，以激发学生的兴趣和主动性。

（三）技能传授与评估理论

在当代体育教育中，技能传授与评估一直是重要的议题。为了培养学生的运动技能和提高他们的综合能力，教育者需要借助有效的技能传授与评估理论来指导教学实践。

运用认知学习理论可以有效地指导技能传授。认知学习理论强调学习者主动获取知识，通过自主探索和问题解决，加深对技能的理解和掌握。在技能传授过程中，教师可以通过提供具体的情境和问题，鼓励学生从多个角度思考和解决问题，促进他们的学习效果。教师还可以引导学生自我监控和反馈，帮助他们发展自主学习的能力。

采用社会学习理论能够有效地促进技能的传授。社会学习理论认为，学习是通过观察和模仿他人行为来获取新技能的过程。在技能传授过程中，教师可以通过示范和讨论案例，让学生观察和模仿专业选手的动作技巧，从而提高他们的技能水平。在模仿的过程中，教师还可以引导学生分析专业选手的技术要点、动作步骤以及技巧运用，从而帮助他们更好地理解和应用所学技能。①

综合运用教育评估理论有助于全面评价学生的技能水平。传统的教育评估注重学生对知识的记忆和理解，然而对技能的评估主要关注学生在实践中的表

① 黄涛. 体育教育专业人才培养模式研究与构建[M]. 北京：中国纺织出版社，2019：12—13.

现。因此，综合运用教育评估理论可以更全面地评价学生的技能发展。例如教育者可以采用多样化的评估方式，包括观察记录、表现评价、自我评估以及同伴评估等，来获取更全面的学生技能表现。教育者还可以结合学生的学习目标和需求，设计个性化评估策略，从而更准确地衡量学生在技能学习中的进步。

三、心理健康的理论基础

(一)心理健康理论

在当代体育教育中，心理健康被广泛认为是一个重要的理论基础。心理健康理论对于理解和促进个体心理健康具有重要意义。在体育教育中，我们不仅要关注学生的身体健康，还要注重他们的心理健康。

1.心理健康理论强调了心理健康的内涵和要素

根据心理学研究发现，心理健康不仅仅是没有心理疾病，更应该包括积极的心理状态和良好的心理适应能力。心理健康的要素包括个体的自我意识、情感调节能力、自我肯定、应对压力的能力等。体育教育可以通过培养学生的自我认知和情感管理能力，帮助他们建立积极的心理健康观念和适应能力。

2.心理健康理论强调了心理发展的重要性

心理健康不是一成不变的，而是一个动态的过程。心理健康的发展需要经历不同的阶段和任务。例如，儿童期的心理健康发展主要关注基本自理能力和社交能力的培养；青春期的心理健康发展则更加关注身份认同和自我价值的建构。体育教育可以根据学生的年龄和心理发展需要，提供相应的体验和指导，促进他们的心理成长和健康发展。

3.心理健康理论还强调了心理健康与身体健康之间的密切关系

身心是不可分割的整体，心理健康对于身体健康具有重要的影响。体育活动对于提升个体的心理健康具有积极的影响。通过参与体育活动，学生可以释放压力、提升情绪、培养自信和认知能力。体育教育应当倡导并提供多样化的体育活动，为学生提供改善心理健康的机会。

(二)运动心理疗法理论

运动心理疗法作为一种针对心理健康问题的干预手段,其理论基础扎根于心理学、运动科学以及综合认知行为理论。它通过将运动与心理疗法相结合,旨在帮助个体通过运动达到心理健康的目标。

运动心理疗法理论强调运动对于心理健康的积极影响。研究表明,适度的运动可以促进身体内多巴胺、内啡肽等神经递质的分泌,从而改善个体的情绪状态和抗压能力。运动还可以通过促进血液循环、增强大脑的氧气供应,进而改善个体的认知功能和注意力集中能力。这些积极影响为运动心理疗法的实施提供了基础。

运动心理疗法理论关注运动在心理健康问题中的作用机制。该理论认为,运动可以作为一种替代行为,帮助个体逃离负面情绪,提升情绪的调节能力。运动还可以通过提供社交支持和增强个体的自我效能感,提升个体在社会环境中的适应性和归属感。这些机制的认识对于设计和实施运动心理疗法具有重要意义。

运动心理疗法理论探索了个体在运动过程中的体验和心理状态。对于个体而言,运动可以提供一种身心统一的体验,促使个体全神贯注于运动活动,从而暂时减轻压力和焦虑。同时,运动还具有积极的促进效应,如增强个体的自尊心、自信和乐观情绪。运动心理疗法理论通过对这些运动体验的研究,为运动心理疗法的具体实施提供了指导和依据。

运动心理疗法理论强调,个体在运动过程中的自治性和自主性。运动心理疗法鼓励个体根据自身的需要和目标,选择适合自己的运动方式和强度,从而增强个体的主动性和自我决策能力。这种自治性的强调为运动心理疗法的可持续性和个性化实施提供了基础。

(三)运动对心理健康的影响

运动作为一种身体活动形式,对心理健康具有积极的影响。通过运动,人体可以释放能量,排解压力,从而缓解焦虑和抑郁情绪。运动能够促进大脑内多巴胺和内啡肽等快乐激素的释放,让人感到愉悦和放松,例如瑜伽、慢跑和跳舞等运动形式都被证明对焦虑和抑郁症状的缓解起到积极作用。

运动可以提升自我认知和自尊。通过参与体育运动,个体可以获得身体力量的提升，成就感的增强和团队合作的体验，从而树立自信和增强自尊心。实际上，研究表明，参与体育运动的人常常比不参与运动的人更具有积极的心理状态和更高的自尊心。

运动还有助于提高睡眠质量。夜晚的运动可以调节人体的生物钟，促进正常的睡眠周期。运动能够提高睡眠的效率和质量，缩短入睡前时间和减少夜间醒来次数，并增加深度睡眠时间，从而使人在白天保持更好的注意力和精力。

运动对于缓解压力和增强应对能力也有显著作用。面对日常生活的种种挑战和压力，人们往往会感到身心疲惫，此时适当的运动可以帮助人们释放紧张情绪，放松身心，增强应对压力的能力。例如一些研究表明，长期从事有氧运动（如慢跑、游泳）的人们在压力环境下更具有耐受力和自我调节的能力。

（四）心理健康的促进与维护

为了促进和维护心理健康，体育教育在当代起着重要的作用。在心理健康的促进与维护方面，体育活动能够发挥许多积极的作用。

体育运动可以提供一个良好的情感出口。情绪的调整是心理健康的一个重要方面，而体育活动可以为人们提供自由发泄情绪的机会。在进行体育活动的过程中，人们可以通过运动释放压力，减轻紧张和焦虑情绪。体育运动也能够激发积极的情绪，如喜悦、兴奋和满足感，从而提升心理健康水平。

体育活动对于个体的自我认知和自尊心的建立具有积极作用。通过参加体育活动，个体能够不断提升自己的运动技能，体验到自我进步和成长的喜悦。这种积极体验有助于个体形成积极的自我认知，增强自信心和自尊心，从而提高心理健康水平。

体育运动还能够促进社交能力和团队合作意识的培养，对心理健康的促进至关重要。在体育活动中，个体需要与他人合作、沟通和协调，这有助于培养个体的社交能力和团队合作意识。同时，通过与他人的交流和互动，个体能够建立良好的人际关系，得到情感支持和帮助，从而提高心理健康水平。

体育运动还能够培养个体的应对能力和压力管理能力，对心理健康的维护起到重要作用。在进行体育活动的过程中，个体会面临各种挑战和困难，如竞争压力、体力消耗等。通过不断克服这些困难，个体能够培养应对压力和挫折的能力，提高逆境应对能力。这种积极的应对能力有助于维护心理健康，预防和减少与各种压力相关的心理问题。

四、社会适应的理论基础

(一)社会交往理论

社会交往理论认为,参加体育活动可以提供一个交往的平台和机会。在体育活动中,个体与他人共同参与、共同合作、共同竞争,通过相互合作与协调,个体之间建立起了一种特殊的社会联系。例如在团队项目中,队员之间需要相互配合,通过默契的沟通与合作,才能达到最佳的团队成绩。这种合作与交流的过程促进了团队之间的社会交往,培养了个体间的互信和互助意识。

社会交往理论强调了体育活动中的集体意识培养。在体育活动中,个体需要意识到自己是团队的一员,在集体活动中贡献自己的力量和智慧。在与他人合作的过程中,个体逐渐树立起一种集体意识,明白个体的行为不仅会影响自己,还会对整个集体产生影响。通过体育活动的集体参与,个体意识到合作与奉献的重要性,培养其团结互助的精神,加强了社会交往的能力。

社会交往理论还强调了体育活动中的社交技能的培养。在体育活动中,个体需要与队友、对手、教练以及观众等各种不同角色进行交流与互动。在这些交往过程中,个体不仅学会了与他人进行合作与竞争,还培养了与他人进行沟通和交流的能力。体育活动中的社交技能的培养不仅对个体在体育领域中具有重要意义,同时也对个体在日常生活中的社交起到积极的影响。

(二)运动的社会功能理论

运动的社会功能理论是研究运动对社会化过程的影响以及其在社会交往中的作用的理论基础。运动作为一种社会活动,不仅仅是身体的运动,更涉及人与人之间的互动和社会关系的建立。运动可以促进社会适应和社会互动的发展,有助于个体在社会环境中更好地融入和适应。

运动可以培养和促进人与人之间的社会交往能力。通过参与团队运动或集体活动,个体可以与他人进行有效的沟通和合作。在运动过程中,个体需要与队友协作、与对手竞争,在这一过程中,他们学会了理解、尊重和倾听他人的意见,学会了合作和团结。这些社会交往的经验和技能可以在日常生活中得到应用,提高个体的社会适应能力。

运动也具有社会化的功能，即通过运动，个体可以学会遵守规则、尊重他人、遵循道德准则等社会价值。比如在运动中，个体需要遵循比赛规则，尊重裁判和对手，遵守公平竞争的原则。这种通过运动学习和实践的社会价值观念与行为规范可以影响个体在其他社会场合的行为方式，使其成为一个积极向上、守纪律的社会成员。

运动还可以提供一种平等和公正的社会环境，促进社会认同感和社会凝聚力的形成。在运动场上，个体的成绩和表现往往直接决定了他们在运动团队中的地位和角色。通过公正的竞争和评价机制，每个个体都有机会实现自己的潜力，得到他人的认可和尊重。这种公平竞争的运动环境可以促进社会关系的和谐和团队的凝聚力。

(三)运动对社会化过程的影响

运动作为一种特殊的社会活动，不仅是身体的锻炼和技能的学习，还对个体的社会化过程产生了重要的影响。运动参与者通过参与各种体育活动，特别是团队运动，可以获得丰富的社会经验和社会互动机会。

1.运动对个体的社会化过程有助于培养团队合作和协作的意识

在团队运动中，个体需要与队友密切配合，相互支持，共同追求胜利。通过协作和相互依赖的实践，个体可以培养出团队合作的能力和意识，学会为团队的利益而努力。这对个体在社会化过程中形成健康的人际关系和合作意识具有积极的促进作用。

2.运动对个体的社会化过程有助于培养自我意识和自信心

在体育活动中，个体会面对各种挑战和压力，因此要学会自我管理和应对困难。通过不断克服困难和提升自己的能力，个体可以增强自信心和自尊心，提高自我意识和自我形象。这对个体在社会化过程中培养积极的心态和积极的社会角色有着重要的作用。

3.运动对个体的社会化过程有助于培养沟通和表达能力

在团队运动中，个体需要与队友进行密切的沟通和合作，共同制定战术和策略，实现协作。通过与他人的沟通和合作，个体可以培养出良好的沟通能力和表达能力，学会倾听和尊重他人的意见，提高自己的影响力和说服力。这对个体在社会化过程中建立良好的人际关系和有效的社会交往能力具有重要的意义。

第三节　当代体育教育的基本原则

一、全面发展原则

（一）全面发展原则的定义与意义

全面发展原则在体育教育中被广泛应用，它强调学生在体育活动中的全面发展，包括身体、智力、情感和社交等方面。全面发展原则的基本定义是使学生在体育教育中得到身心双重发展的理念。它不仅关注学生身体素质的提高，还注重培养学生的主动性、创造力和社会责任感。

全面发展原则在体育教育中的意义非常重大。它有助于学生全面发展能力和潜能。体育教育不仅是培养学生身体素质的一种手段，更重要的是通过体育活动，培养学生各个方面的能力，如协作能力、领导能力、创新能力等。因此，全面发展原则为学生提供了广泛的发展空间，使他们能够全面发展，发挥自己的潜能。

全面发展原则在体育教育中有助于培养学生的健康意识和健康习惯。体育教育不仅是为了让学生学会一些技能和规则，更重要的是培养他们对健康的认识和意识。通过体育活动，学生能够了解到体育锻炼对身体和健康的重要性，养成良好的生活习惯，提高身体素质，预防疾病和促进健康。

全面发展原则在体育教育中有助于培养学生的自信心和自尊心。体育教育不仅是让学生学习技能和知识，更重要的是培养他们的自信心和自尊心。通过参加体育活动，学生能够培养自己的自我认识和体现自我价值，从而提升自己的自信心和自尊心。他们能够通过不断努力和挑战，克服困难，实现个人目标，培养积极向上的心态。

（二）全面发展原则在体育教育中的运用

全面发展原则是体育教育中的重要原则之一，其核心观点是全面培养学生身体、智力、情感、意志等方面的发展。运用全面发展原则进行体育教育，可以达到多方面的教育目标。

全面发展原则要求我们关注学生的身体发展。体育教育不仅是为了培养学生的体育运动能力，更重要的是让学生养成良好的生活习惯和健康的生活方式。通过提供多样化、综合性的体育活动，学生可以全面发展身体各个方面的素质，增强身体的适应能力和抵抗力。

全面发展原则要求我们注重学生的智力发展。体育教育不仅是体育活动的机会，也是培养学生智力的一种途径。在体育教育中，我们可以设置各种智力挑战和思维训练的活动，激发学生的思考能力和创新能力。通过体育活动，可以培养学生解决问题的能力、分析思考的能力以及团队合作的能力。

全面发展原则要求我们注重学生的情感发展。体育教育不仅是培养学生的体育技能，更重要的是培养学生的情感素质。通过体育活动，学生可以培养团队合作精神、友谊和合作的意识，增强学生的集体观念和责任感。体育活动也可以提供学生表达自我、释放情感的机会，促进学生身心健康的发展。

全面发展原则要求我们关注学生的意志发展。体育教育不仅是培养学生的体育技能，更重要的是培养学生的意志品质。在体育活动中，学生会遇到各种挑战和困难，需要坚持和毅力去克服。通过体育活动，学生可以培养耐心、坚韧和自律等品质，增强学生的意志力和抗压能力。

二、安全教育原则

(一)安全教育原则的定义与意义

在当代体育教育中，安全教育原则被视为至关重要的一项原则。它强调了在体育活动中必须注重保障参与者的安全与健康。安全教育原则的定义包括两个方面：一是对体育活动中的潜在风险进行全面的分析和认识；二是采取适当的措施来减少或避免这些风险的发生。

安全教育原则的意义在于保护参与者，尤其是学生在体育活动中的身体健康和人身安全。体育教育是培养学生身心健康的重要途径，但如果在体育活动中忽视了安全问题，可能会给学生造成意外的伤害，甚至危及生命。因此，安全教育原则的运用是非常必要的。

安全教育原则要求体育教育工作者充分了解不同体育项目的风险特点，对可能存在的安全隐患进行全面分析。只有在了解了可能存在的风险后，才能采取相应的预防措施，为参与者创造一个相对安全的体育环境。

安全教育原则要求在体育教育中注重学生的安全意识培养。学生需要掌握基本的安全知识和技能，学会识别可能存在的危险因素，并在体育活动中正确应对和避免风险。例如在进行某项运动项目之前，教师可以向学生介绍该项目中的常见安全问题，并教授相应的避免措施，让学生明确自己在参与体育活动时的责任和义务。

安全教育原则还强调了教师的责任与义务。体育教育工作者在进行体育活动时，必须时刻关注学生的安全问题，并做到严格管理、科学组织和周密安排。在运动训练中，教师应该具备高超的技术水平，能够正确引导学生进行运动，并及时纠正学生可能存在的错误姿势或行为，以防止意外发生。

（二）安全教育原则在体育教育中的运用

安全教育原则的运用可以保障学生在体育活动中的身体健康和安全。在实施安全教育原则的过程中，教师需要有明确的计划和策略，以确保教学环境的安全，减少事故的发生。

为了运用安全教育原则，教师可以通过教学设计和活动设置来确保学生的安全。在规划体育活动时，教师应根据学生的年龄、体质和技能水平合理选择活动内容。例如在幼儿园阶段，教师可以设计一些简单的运动游戏，注重培养孩子的基本协调能力。在中学阶段，可以组织一些竞技性的项目，培养学生的竞争意识和团队合作意识。

教师在运用安全教育原则时，需要注重对学生的教育和指导。教师应该向学生传授一些基本的运动技能和规则，以减少运动中的意外事故。例如在进行篮球比赛时，教师可以向学生传授正确的投篮姿势和防守技巧，并强调比赛中的注意事项，如不用力推搡对手、不使用过度力量等。通过这样的教育和指导，学生可以充分了解运动中存在的风险，掌握正确的自我保护方法。

教师还可以运用安全教育原则在体育教育中进行实践和挑战。通过组织安全实践活动，学生可以在控制风险的情况下尝试一些较有挑战性的运动项目。例如在攀岩活动中，教师可以设置适当的安全设施，如保护垫和安全绳等，以确保学生在攀爬过程中不会受伤。教师可以适时给予学生安全技巧的指导，帮助他们提高攀岩的技能，从而挑战自我。

实施安全教育原则也面临着一些挑战。由于学生的个体差异较大，体质和技能水平各异，教师需要针对不同的学生制订个性化的安全教育计划。学校的场地、器材和资源也会对安全教育的实施带来影响，教师需要做好场地和器材的检查与维护工作，以确保学生在安全的环境中进行体育活动。

三、循序渐进原则

（一）循序渐进原则的定义与意义

循序渐进原则是指在体育教育过程中，按照学生发展的特点和规律，逐渐提高教学难度，分阶段有序推进，以达到全面培养学生体育素质和发展潜能的目的。这一原则在体育教育中具有重要的意义。

首先，循序渐进原则能够保证学生的学习效果。通过逐步增加难度和复杂度的训练内容与方法，学生能够在有序的教学过程中逐渐掌握技能和知识，提高体育素质。循序渐进原则能够使学生逐步建立起自信心，并且激发他们的学习兴趣和动力，从而更好地参与体育活动，提高自身能力。

其次，循序渐进原则能够确保学生的身体健康与安全。体育活动的难度和强度过大会给学生的身体健康带来负面影响，而循序渐进原则则能够在不给身体带来过重负担的前提下，逐步增加训练量和难度，让学生的身体慢慢适应并逐渐提高自身的耐力、力量、灵活性等，并且逐渐引导学生形成正确的体育锻炼习惯和安全意识，减少因错误动作或过度训练而引发的意外伤害。

最后，循序渐进原则有助于培养学生的思维能力和解决问题的能力。通过分阶段设置训练目标和任务，学生需要思考不同阶段的技能和知识，并且在实践中解决各种问题。这样的训练过程不仅能够培养学生的动手能力和创新思维，还能够提高他们的自主学习和解决问题的能力，使他们具备在体育和生活中面对各种情境时的应变能力。

（二）循序渐进原则在体育教育中的运用

在体育教育中，循序渐进原则是一项基本原则，其核心思想是根据学生的年龄、发展水平和兴趣特点，逐步推进体育教学内容和方法的难度与复杂度。通过循序渐进的方式，能够有效提高学生的学习兴趣，巩固基础知识和技能，促进学生全面发展。

首先，循序渐进原则要求教师针对学生的个体差异制订个性化的学习计划。教师可以通过分析学生的体能水平、技能掌握情况和兴趣爱好，制定适合每个学生发展的路径。例如，对于技术水平较低的学生，可以从基本动作练习开始，逐渐引导他们掌握更复杂的动作技巧；对于技术水平较高的学生，可以提供更具挑战性的训练任务，激发他们的学习动力。

其次，循序渐进原则要求教师在教学过程中逐步增加难度和引入新的内容。这种渐进式的教学方式能够帮助学生逐步掌握新知识、技能和策略。比如在教授体育项目时，教师可以先从简单的基本动作开始，通过示范和练习，让学生逐步掌握动作的要领和基本技巧；随后，教师可以引入更高级的技术要素和战术思维，激发学生的创造力和综合能力。

最后，循序渐进原则要求教师在教学中注重反馈和评价，帮助学生认识自身的进步和不足。教师可以通过观察、测验、实践等方式对学生的学习情况进行及时评估，并提供有针对性的指导。这样的反馈机制可以帮助学生及时调整学习策略，激发他们的学习动力，促进技能和水平的快速提升。

循序渐进原则在体育教育中的运用能够让学生在适宜的环境中发展自己的潜力，培养他们的自信心和动力。同时，循序渐进原则也能够帮助学生形成系统的体育知识和技能结构，在未来的学习和生活中能够更好地应对挑战。然而，实践中的循序渐进原则也面临一些挑战，如教师需要根据学生的发展情况灵活做出调整，并克服学生可能遇到的学习难点和困惑。

循序渐进原则在体育教育中的研究发展前景也是值得关注的。未来，教育者可以进一步深入研究循序渐进原则的具体运用策略，探索更适应学生发展的实施方式和评价机制。结合现代科技手段，如虚拟现实、智能化教学工具等，也可以为循序渐进原则的实施提供更多可能性和创新思路。

四、因材施教原则及竞技与普及相结合原则

（一）因材施教原则的定义与意义

因材施教原则是体育教育中的一项重要基本原则。它强调根据学生的个体特点和差异性，进行个性化的教学设计和指导。因材施教原则的意义在于最大限

度地发挥学生的潜能，促进他们在体育教育中的综合素质提升和个人发展。

因材施教原则能够满足学生个体发展的需求。每个学生在体育方面的天赋、兴趣和能力都存在一定差异。采用因材施教原则，我们可以根据学生的个体差异，设计不同的教学内容和方法，以满足他们的学习需求和发展要求。例如对于体操项目，有的学生可能有较高天赋，可以选择更复杂的技术动作进行训练；而对于一些对体操不太感兴趣的学生，则可以通过创造性的游戏活动来激发他们的兴趣，让他们在游戏中学习体操的基础技巧。

因材施教原则有助于提高教学效果。当教学内容和方法能够与学生的个体特点相匹配时，学生更容易接受并投入到学习中去。体育教育强调学生的积极参与和主动性，因此教学过程应该尽可能地激发学生的学习动机和兴趣。因材施教原则可以帮助教师更好地了解学生的需求和特点，有针对性地设计教学内容和活动，从而提高学生的学习效果和动力。

因材施教原则有助于塑造学生的自信心和自我认同感。通过个性化的教学设计和指导，学生可以在体育教育中取得更好的成绩和进步。这种个人成功的经历和体验，将促使学生对自己的能力和潜力更加自信，从而增强他们的自我认同感。自信和自我认同是学生发展的重要支撑，它们不仅对于体育教育的目标实现至关重要，也对学生在其他学科和生活领域的发展产生积极的影响。

（二）竞技与普及相结合原则的定义和意义

竞技与普及相结合原则是当代体育教育的重要基本原则之一。它的核心意义在于通过竞技和普及相互融合，促进学生的素质全面提升，实现体育教育的全面发展。竞技与普及是互相依赖、互相促进的两个方面，两者的结合对于培养学生的体育竞技能力和普及体育文化具有重要作用。

竞技与普及相结合可以激发学生的学习兴趣和积极性。通过竞技，学生可以感受到竞争的激烈和胜利的喜悦，这激发了他们对体育的热爱和追求卓越的欲望。而通过普及，学生可以了解到更广泛的体育项目和知识，从而拓宽他们的体育视野。两者相结合，既能培养学生的竞技能力，又能提高他们的体育素养，使学生更加主动、积极地参与体育活动。

竞技与普及相结合有利于发现和培养优秀的体育人才。竞技的性质决定了它是选拔优秀人才的重要途径，而普及则为广大学生提供了展示自己的平台。竞技与普及相结合，可以为优秀人才的选拔和培养提供更多的机会和条件。不仅能够挖掘出潜力股,培养出具有优良竞技能力的学生,也能够为普及体育知识、推广体育文化作出更大的贡献。

竞技与普及相结合有利于促进体育教育的公平与发展。竞技注重个人实力和成绩,而普及则注重体育知识和素养的普及。两者的结合,让每个学生都有了展示自己实力的机会,无论是优秀的运动员还是对体育知识有浓厚兴趣的学生,都能够在竞技与普及的平台上取得成绩和收获。这样能够打破传统的选拔模式,让更多的学生有机会参与体育活动,实现体育公平与发展的目标。

(三)因材施教原则及竞技与普及相结合原则在体育教育中的运用

因材施教原则是体育教育中的一项重要教育原则,其核心思想是根据学生的个体差异,因材施教,实现个性化的教学。在体育教育中,因材施教原则能够充分满足学生个体的体育发展需求,提供一个有针对性的教学模式。

在因材施教原则的指导下,教育者需要认真了解每个学生的身体素质、兴趣爱好以及学习特点。通过评估和记录,教育者能够发现学生的发展潜力和特长,制订个性化的培训计划。例如在学生身体素质方面,某学生肢体灵活性较好,可以选择更多的柔韧性练习;某学生耐力较强,可以进行更长时间的持续性运动训练。因此,因材施教原则能够确保每个学生能在体育教育中得到充分的发展。

竞技与普及相结合原则在因材施教原则的基础上,进一步完善了体育教育的体系。竞技与普及相结合原则强调了培养学生的竞技能力和参与意识的平衡。在体育教育中,不仅要注重培养少数学生的竞技水平,也要关注到其他学生的体育参与积极性和兴趣培养。因此,教育者需要在因材施教的基础上,根据学生的不同需求和目标,合理安排各类竞技活动和普及性体育课程。通过竞技与普及相结合的教学方式,可以让每个学生找到自己喜欢的体育项目,并享受体育带来的快乐和成就感。

第二章　当代体育课程设计与实施

第一节　体育课程设计的基本原则

一、目标导向原则

(一)目标导向原则的理论基础

目标导向原则是体育课程设计的基本原则之一，其理论基础是教育学和运动科学的相关理论。目标导向原则强调通过设定明确的学习目标，来指导体育课程的设计和实施。

1.目标导向原则借鉴了教育学中的教学目标理论

教学目标理论认为，教学活动要有明确的目标，教师在设计课程时要明确地设定学生需要达到的各项目标。在体育课程设计中，目标导向原则要求明确课程的学习目标，如培养学生的某种体育技能、提高学生的身体素质等。这样一来，课程设计就更加有针对性和有效性。

2.目标导向原则还依据运动科学的相关理论

运动科学研究了人体运动的规律和机制，通过科学的方法分析和研究体育活动对人体的影响。目标导向原则在体育课程设计中应用了运动科学的知识，以确保课程的科学性和有效性。通过运用运动科学的相关理论，设计师可以根据学生的身体特点和发展规律，合理地安排课程的内容和形式，使学生在体育课程中获得最大的收益。

3.目标导向原则还受到教育心理学的启发

教育心理学研究了人类学习和发展的规律，通过研究学生的认知和情感特点，为教学活动提供指导。目标导向原则在体育课程设计中考虑了学生的心理特点和兴趣需求，以激发学生的学习动力和积极参与的热情，提高教学质量。

(二)目标导向原则在体育课程设计中的作用

目标导向原则是体育课程设计的基本原则之一，它在体育课程设计中起着至关重要的作用。目标导向原则强调课程设计应该明确目标和目标的达成标准，能够帮助学生明确自己学习体育课程的目的，并通过特定的学习活动来实现这些目标。

目标导向原则在体育课程设计中能够提供学习的方向性和目标性。通过明确的学习目标，学生能够清楚地知道自己在体育课程中具体要学什么，学到什么程度。目标导向原则可以帮助学生明确目标，激发他们的学习动力，提高他们学习的积极性。在体育课程设计中，教师可以根据不同年龄段学生的特点和需求，设置不同层次的目标，从而使学生逐步发展和提高。

目标导向原则在体育课程设计中能够确保学习内容的科学性。通过明确的目标，教师能够有针对性地设计学习活动和选择适当的教学资源，使学生能够达到预期的学习效果。科学性原则要求体育课程的内容和学习活动应该与学生的认知发展水平和身体发展特点相适应，符合学科的规律。目标导向的体育课程设计能够确保学习内容的科学性，使学生能够获得有效的学习体验和成果。

目标导向原则在体育课程设计中能够促进综合能力的培养。体育课程不仅是传授具体的运动技能，更重要的是培养学生的综合能力，包括身体素质、技能掌握、动作协调、团队合作等。目标导向原则要求体育课程的设计应该注重学生的全面发展，通过设置不同类型的目标，培养学生多方面的能力。通过体育课程的学习和实践活动，学生可以全面发展自己的身体素质和综合能力，提高自身的运动水平。

目标导向原则在体育课程设计中能够保证学习过程的灵活性。灵活性原则强调课程设计应该根据学生的实际情况和需求进行调整和改进。目标导向的体育课程设计能够为教师提供一个灵活的框架，教师可以根据学生的反馈和评价信息，对学习目标和学习活动进行调整和优化。通过灵活性原则的运用，体育课程设计可以更好地适应学生的个体差异和不同的学习需求，提高课程的有效性和学习的满意度。

(三)目标导向原则在体育课程设计中的实践应用

目标导向原则是体育课程设计中的重要理论基础，它强调学习者的发展需求和培养目标的明确性。在体育课程设计中，目标导向原则的应用具有重要的实践意义。

通过明确学习者的发展需求，体育课程设计可以更好地满足学生的个体差异和发展特点。根据学习者的年龄、性别、身体条件和兴趣爱好等方面的差异，教师可以确定并制定相应的学习目标。例如，针对初中生的体育课程设计，可以设置学生身体素质的提高、运动技能的培养和团队合作能力的培养等目标，以满足不同层次和需求的学生。

目标导向原则可以使体育课程设计更加科学和系统化。在制定学习目标的过程中，设计者需要考虑学科知识的有机结合和学习内容的分析和综合。通过科学地组织学习内容，并结合适当的教学方法和评价手段，可以使学生系统地掌握和运用体育课程所涉及的知识、技能和态度。例如，在体育课程设计中，可以通过分阶段的教学设计和评价措施，使学生逐步提高对运动技能的掌握和运用能力。

目标导向原则的灵活性使体育课程设计更好地适应学生的需求变化。在实践中，学生的兴趣和能力是变化的，因此，课程设计不能过于固定。通过制定灵活的学习目标和教学策略，教师可以根据学生的不同需求和发展水平进行调整。例如，在体育课程设计中，教师可以根据学生的特长和兴趣，增加个性化的课程模块，使学生更加积极地参与学习并提高学习的成效。

目标导向原则还强调体育课程设计的安全性。在体育课程设计中，教师需要充分考虑学生的安全问题，确保运动项目和器材的安全性。例如，对于某些高风险的运动项目，教师可以合理设置难度和环境要素，降低学生受伤的风险。教师还可以通过设置安全规则和提供必要的保护装备，以确保学生在体育课程中的安全性。

二、科学性原则

（一）科学性原则的理论基础

科学性原则是体育课程设计中必不可少的一项原则，其理论基础是体育教学和体育科学的最新研究成果，以及相关的教育心理学、运动生理学、运动心理学等学科理论。在体育课程设计中，科学性原则强调通过科学的方法和理论来指导教学实践，使体育课程更加科学、合理、有效。

科学性原则要求教师进行专业的教学研究和教学实践，以了解学生的发展特点、学习需求以及心理和生理发展规律。通过研究学生的身体素质、心理特点、兴趣爱好等信息，教师可以更好地制定个性化的教学计划和教学策略，使每个学生都能够得到适合自己的体育课程内容和训练方法。

科学性原则要求教师根据体育科学的理论指导，合理安排体育课程的内容和活动。通过应用运动生理学、运动心理学等学科的理论和方法，教师可以更好地选择适合学生发展水平的体育活动和训练方法，以确保课程的科学性和可行性。

科学性原则还要求教师在课程设计中要充分考虑教学资源的合理利用。科学性原则强调教师在设计体育课程时要考虑到学校的场地设施、器材资源等方面的限制条件，合理规划活动内容和形式，使每个学生都能够充分参与课程活动，并得到良好的教学效果。

科学性原则还强调评价和反馈的科学性。教师应该根据科学的评价方法，对学生的身体素质、技能水平、动作表现等进行科学的评估，及时给予学生反馈和指导。通过科学的评价和反馈，可以不断改进教学方法和内容，提高课程的质量和效果。

（二）科学性原则在体育课程设计中的作用

科学性原则是体育课程设计中的重要原则之一，它的应用对于提高体育教学的效果和质量至关重要。在体育课程设计中，科学性原则的作用主要体现在以下三个方面。

1.科学性原则能够保证课程内容的科学性和准确性

在设计体育课程时，我们需要依据相关的体育理论和科学研究成果，确保所教授的知识和技能符合科学的规律和原理。例如，对于教授学生抛球技术的课程，我们需要了解抛球的基本原理和技巧，并结合科学的运动力学和生理学知识，制定科学合理的教学方法和训练计划，以确保学生能够真正掌握正确的动作技能。

2.科学性原则能够提高体育课程的适应性和个性化

由于每个学生的身体条件、兴趣爱好和学习能力都不尽相同，因此，在体育课程设计中要充分考虑学生的个体差异，提供个性化的学习内容和教学方法。科学性原则要求我们在教学过程中充分了解学生的特点和需求，并根据其个体差异做出相应调整。例如，对于身体条件较差的学生，我们可以有针对性地设计一些适合其身体状况的课程活动，通过针对性的训练提高其身体素质。

3. 科学性原则能够促进课程内容的系统性和连贯性

体育课程设计需要将不同的内容和活动有机地结合起来，形成完整的教学体系和连贯的教学过程。科学性原则要求我们在设计课程时，将各个环节有机衔接，以确保学生在学习过程中能够形成完整的知识网络和技能链条。例如，在教授体育竞赛规则的课程中，我们可以通过讲解规则的基本原理、模拟比赛的实践操作和实际比赛的观摩体验等方式，使学生全面了解和掌握体育竞赛的规则和要求。

（三）科学性原则在体育课程设计中的实践应用

在体育课程设计中，科学性原则是一个不可或缺的重要原则。科学性原则要求我们在设计体育课程时，不能仅凭主观意识或随意性来进行，必须基于科学理论与实践经验的基础上，确保设计的课程具有科学性和可操作性。

科学性原则要求我们在进行体育课程设计时，应该充分借鉴相关的科学研究成果以及教育理论。例如，我们可以参考体育运动的相关知识，包括运动生理学、运动心理学等，结合学生的年龄、身体条件、兴趣特点等因素，确定合适的课程内容和难度。

科学性原则要求我们在进行体育课程设计时，应该注重课程的系统性和连贯性。课程设计应该有一个明确的目标和结构，各个环节之间应该有明确的逻辑关系和衔接。例如，在设计课程的活动安排时，我们可以将基本技能训练、战术应用训练、比赛实战演练等有机结合起来，使学生能够获得系统和连贯的训练效果。

科学性原则要求我们在进行体育课程设计时，应该充分考虑学生的个别差异和特殊需求。不同学生在体育方面的兴趣、天赋、身体条件等方面存在差异，我们应该根据学生的个别情况调整课程内容和教学方法，使每个学生都能够有所收获和进步。

科学性原则在实践中还要求我们对课程进行评估和反思。通过对学生的学习成果和课程的效果进行评估，我们可以及时调整课程设计，使其更加科学和有效。同时，我们还需要不断反思和总结，吸取经验教训，提高体育课程设计的质量和水平。

三、全面性原则

(一)全面性原则的理论基础

全面性原则作为体育课程设计的基本原则之一,具有重要的理论基础。在体育教育领域,全面性指的是课程设计需要兼顾学生的身心健康、社会适应能力以及终身体育发展等多方面的需求。在学术研究中,全面性原则的理论基础主要依托于多学科交叉的研究成果和教育理论的指导。

从体育学的角度来看,全面性原则承认体育是一种综合性、多元化的活动,涉及身体素质、技能水平、智力素养、情感态度等多个维度。体育课程设计要注重培养学生的多种能力,包括体育技能的提升、体育知识的学习、团队协作的能力和身体素质的培养等。例如,通过设计多样化的体育活动和项目,可以促进学生不同技能的综合发展。

心理学在全面性原则的支持下,强调学生的心理健康与体育教育的密切关系。心理学研究表明,体育活动有助于缓解学生的压力、提高情绪稳定性,并对学生的认知发展、情绪管理和人际交往等方面产生积极影响。因此,在体育课程设计中,应注重激发学生的学习兴趣,培养积极向上的情感态度,促进学生身心健康的全面发展。

教育学的启示也为全面性原则提供了理论基础。教育学强调学校教育应该全面培养学生的五育(智育、体育、美育、劳育、德育),而体育课程作为学校教育的重要组成部分,应当贯彻全面性原则,实现学生多方面的全面发展。通过体育教育,学生可以学到科学的体育知识,感受体育活动的美好,培养自我约束和责任感等,这些都是全面性原则的体现。

体育学科的教育哲学也支持全面性原则的运用。教育哲学强调教育是一种发展性和全面性的过程,通过教育可以培养学生的整体素质和能力。在体育课程设计中,全面性原则要求教师要充分了解学生的需求和特点,因材施教,打造合适的教学环境和教学方式,促进学生的全面成长和发展。

(二)全面性原则在体育课程设计中的作用

全面性原则是体育课程设计中的一项重要原则,它要求在设计体育课程内容和活动时，需充分考虑学生的身心发展，并注重培养学生在各方面的能力。全面性原则不仅关注体育技能的培养，更注重发展学生的身体素质、心理素质和社交素质。

在体育课程设计中应用全面性原则可以促进学生身体素质的全面发展。体育课程不仅是为了培养学生的体育运动技能，更重要的是通过体育活动锻炼学生的心肺功能、肌肉骨骼系统，提高他们的耐受力、灵敏性和协调能力。全面性原则要求设计丰富多样的运动项目，通过不同的体育活动来综合开发学生的各项身体素质。

在体育课程设计中应用全面性原则可以促进学生心理素质的发展。体育活动不仅是一个简单的身体运动，还能对学生的心理健康发展起到积极的作用。通过体育课程的设计，可以培养学生的自信心、毅力、团队合作意识等心理素质。例如，在团体活动中，学生需要相互合作、协调配合，这样可以增强他们的集体意识和团队精神。

在体育课程设计中应用全面性原则可以促进学生社交素质的培养。体育活动是一个与他人互动的过程，通过体育课程的设计，可以培养学生的交流能力、合作意识和组织能力。例如，在比赛中，学生需要与队友进行紧密配合，与对手进行公平竞争，这既能培养他们的团队精神，又能提高他们的交往能力。

（三）全面性原则在体育课程设计中的实践应用

全面性原则是体育课程设计的重要原则之一，它强调了在设计体育课程时，要全面考虑学生的身心发展需求，注重培养学生的多方面能力。在实践中，我们可以通过以下几个方面来应用全面性原则，在体育课程设计中取得良好的效果。

第一，从课程内容的选择和组织上体现全面性原则。体育课程内容应包括多种不同的运动项目，如足球、篮球、羽毛球等，以满足不同学生的兴趣和需要。还可以设置一些团体活动和比赛，让学生在活动和比赛中培养团队合作意识。这样的课程设计可以帮助学生全面发展各方面的能力，如体能、技能、协调性等。

第二，通过教学方法的选择和运用来体现全面性原则。在体育课堂上，教师可以采用多样化的教学方法，如示范教学、讨论教学、小组合作学习等。这样可以激发学生的积极性和主动性，同时培养他们的思维能力和合作意识。例如，在教学中引入案例分析的方法，让学生通过分析和讨论解决实际问题的方式，全面提高他们的思考能力和应变能力。

第三，可以体现在评价方式的选择上。在体育课程设计中，教师应该采用多样化的评价方式，全面客观地评价学生的学习成果。除了传统的考试和测试，可以引入自我评价、同伴评价等方式。这样的评价方式能够充分考查学生的实际运动水平和合作能力，使评价更加全面、准确。

(四)全面性原则的教学效果评估

在体育课程设计中，全面性原则是至关重要的，其主要目的是确保学生在体育课程中全面发展。为了评估全面性原则在体育课程设计中的教学效果，教师可以从多个角度进行评估，具体如下。

第一，通过观察学生的实际表现来评估全面性原则的教学效果。在体育课堂上，学生参与各种体育活动，教师可以观察他们的运动技能、协调能力、身体素质等方面的表现。通过定期的体育测试、实际运动表演等方式，可以评估学生在不同领域的发展情况，以及他们在体育课程中是否得到了全面发展。

第二，采用问卷调查的方式来评估全面性原则的教学效果。通过向学生及其家长发放问卷，我们可以了解他们对体育课程的态度、体育技能的改善程度、身体健康状况等方面的信息。我们也可以了解学生是否在体育课程中获得了全面的培养，是否受益匪浅。

第三，教师的观察和评价也是评估全面性原则的教学效果的重要手段。教师可以根据自己对学生的了解和观察，评估学生在各个方面的发展情况。教师可以通过记录学生的表现、给予个别指导和反馈等方式，对学生的发展进行评估和促进。

第四，利用学生的作品和展示来评估全面性原则的教学效果。学生可以通过创作作品、参加体育展示等方式展示他们的体育技能、运动能力和身体素质等。通过评估这些作品和展示，我们可以了解学生在各个方面的发展情况以及他们是否在体育课程中得到了全面的培养和发展。

四、灵活性原则与安全性原则

(一)灵活性原则的理论基础

灵活性原则作为体育课程设计中的重要原则之一，其理论基础包括以下几个方面。

第一，灵活性原则与学生个体差异密切相关。在体育教学中，学生的身体素质、兴趣爱好、学习能力等方面存在差异。因此，实施灵活性原则可以根据学生的个体特点，灵活调整体育课程的内容和要求，使每个学生都能够在适合自己的水平范围内参与体育活动，发展自己的身体素质。

第二，灵活性原则与学生发展阶段密不可分。学生的身体、认知、情感等不同的发展阶段有不同的特点和需求。灵活性原则可以根据学生的发展阶段，合理设置体育课程的目标和内容，符合学生的生理特点和心理需求。例如，在小学阶段，灵活性原则可以强调多样化的游戏和训练形式，激发学生的学习兴趣和学习积极性。在中学阶段，可以注重培养学生的专项技能和竞技水平。

第三，灵活性原则与体育课程的综合性要求相互关联。体育课程的目标不仅是发展学生的身体素质，还应该包括培养学生的团队合作能力、领导才能、体育文化素养等方面的多元目标。灵活性原则可以根据课程的综合性要求，适当调整课程的设置和实施方法，使体育教学更加全面和有效。

第四，灵活性原则与实践形式的多样性相关。在体育课程设计中，可以采用多样化的教学方法和活动形式，如个体练习、小组活动、对抗比赛等，以满足学生的不同需求和学习风格。灵活性原则提倡教师根据实际情况和学生的特点，选择适合的实践形式，使学生在不同的实践环境中能够全面发展和提高。

（二）安全性原则的理论基础

安全性原则是体育课程设计中的重要原则之一，它着重强调学生在参与体育活动时的安全问题。在体育课程设计中，要确保学生的身体健康和安全，防止因运动中的意外事故而造成伤害。为了实现安全性原则，我们需要依据一些理论基础进行指导。

1.在体育课程设计中要遵循合理布置的原则

这意味着在课程教学中，教师应该科学合理地安排各种体育项目和教学内容，根据学生的年龄、身体素质和兴趣爱好等合理选择体育项目。通过全面了解学生的实际情况，教师能够更准确地确定每个学生所适宜的运动强度和运动量，从而减少因过度运动而造成损伤的风险。

2.安全性原则注重运动技能的教学

通过系统的技能训练，学生能够掌握正确的动作技巧和姿势，减少意外事故的发生。在教学过程中，教师应该注重对学生的技能指导和纠正，帮助他们养成正确的运动习惯。要根据学生的实际情况，适时调整难度和训练量，确保学生在安全的情况下提升技能。

3.注重安全设施和装备的配备

在体育课程设计中，教师应该充分考虑学校和场地的安全设施与装备情况，如运动场地的硬度、保护设施的设置等。只有确保安全设施的完善和合理配备，才能提供一个安全的体育教学环境，减少事故的发生。

体育教师在体育课程设计中扮演着重要角色。教师应该具备相应的专业知识和技能，熟悉学生的身体发育规律，了解他们的身体状况和潜在的健康问题。在体育课堂上，教师应积极参与学生的运动活动，及时发现和处理潜在的风险因素，确保学生在体育活动中的安全。

（三）灵活性原则和安全性原则在体育课程设计中的实践应用

为了符合灵活性原则和安全性原则在体育课程设计中的应用，我们需要实施一系列具体措施，以确保学生在体育活动中能够充分发挥个人的潜能和兴趣，并且保障他们的健康与安全，具体如下。

第一，我们需要关注学生的个体差异，并根据不同学生的特点和需求来设计体育课程。不同学生在体育运动方面有着不同的兴趣和能力，因此，我们需要提供多样化的运动项目和活动，以满足不同学生的需求。例如，对于对抗性体育项目，我们可以设计不同难度等级的活动，以适应不同学生的实际情况。我们还可以提供选择性活动，让学生根据自己的兴趣和特长选择参与的体育项目。通过这种方式，我们能够充分发挥学生的潜能，提高他们在体育活动中的参与度和积极性。

第二，安全性原则是体育课程设计中不可忽视的一部分。在体育课程中，我们必须始终将学生的安全放在首位。我们需要对体育器材进行严格检查和维护，确保其安全可靠。例如，检查篮球架、足球门等设备是否稳固，避免发生物件脱落或倒塌等意外情况。在体育活动中，我们需要采取预防措施，降低意外伤害的发生率。例如，在进行高风险体育活动时，我们应该提前进行必要的安全培训和指导，让学生明白安全规则和注意事项，增强他们的自我保护意识。在体育场地上设置警示标志和安全提示，以提醒学生注意安全。

第二节　体育课程内容的选择与组织

一、体育课程内容的选择标准

(一)健康素质提升的需求

体育课程作为学生全面发展的重要组成部分,其内容的选择需要根据健康素质提升的需求进行精心筛选和组织编排。健康素质是指个体身体、心理和社会适应能力的总和,包括身体素质、心理素质和社会适应素质。体育课程在培养学生的健康素质方面具有重要作用。

体育课程的内容应注重培养学生的身体素质。身体素质是个体身体状况和运动能力的综合表现,包括力量、速度、耐力、柔韧性等。体育课程应通过丰富多样的体育活动,如慢跑、游泳、篮球等来提升学生的身体素质。不同年龄段的学生在身体素质上存在差异,因此体育课程的内容还应根据学生的年龄和发展特点进行适当调整。

体育课程的内容还需要注重学生心理素质的培养。心理素质是指个体心理状态和个性特征的综合表现,包括意志力、自信心、集中力等方面。体育课程可以通过竞技比赛、团队合作等形式,培养学生的意志力和自信心,提高他们的心理素质。体育课程还应注意通过体育活动来调节学生的情绪,缓解学习压力,帮助他们更好地适应学习和生活。

社会体育需求的变化也是体育课程内容选择的重要依据。随着社会的发展和变化,人们对体育的需求也在不断调整和变化。体育课程的内容应紧跟社会体育需求的变化趋势,关注当代社会的热点运动项目和健身方式,以确保体育课程的有效性和吸引力。

学校体育资源的条件对体育课程内容的选择也有一定影响。学校体育资源包括场地设施、教学器材和师资力量等。体育课程的内容应根据学校的资源条件进行合理安排,充分利用现有的资源,确保学生能够在适合的环境中进行体育活动。

（二）学生体育技能的基础

体育教育的目标之一是培养学生的体育技能，因此，在选择体育课程内容时，应考虑学生体育技能的发展和提高。

学生体育技能的基础需要与学生的年龄和发展特点相匹配。在幼儿和小学阶段，学生的体育技能发展还处于初级阶段，因此，体育课程内容应重点关注基本动作技能的培养，如跑、跳、投等。对于中学阶段的学生，应进一步扩展体育技能的范围，如篮球、足球、羽毛球等项目的技能训练。

学生体育技能的基础需要与学生的个体差异相符。不同学生在体育技能的发展上可能存在差异，因此，在选择体育课程内容时，应考虑学生的兴趣、特长和潜力。对于具有特定体育天赋或特长的学生，可以提供个性化的体育技能培养计划，以满足他们的发展需求。

学生体育技能的基础还需要与社会发展趋势相适应。随着社会的进步和科技的发展，体育运动项目也在不断更新和发展。因此，在选择体育课程内容时，应关注当前流行的体育项目和运动方式，以培养学生适应社会发展需求的体育技能。

学校体育资源的条件是学生体育技能基础的考虑因素之一。学校的体育设施、器材和教师团队等都会对学生体育技能的培养产生影响。在选择体育课程内容时，应考虑学校的实际情况，并根据资源条件的不同，合理安排体育课程内容，以提供适合学生发展的体育技能训练的机会。

（三）社会体育需求的变化

在当今社会，随着社会经济的不断发展和人们生活水平的不断提高，社会体育需求也随之发生了巨大变化，社会体育需求的多样化程度不断增加。以往，人们对体育课程内容主要关注基本的体育技能训练和健康素质提升。现如今，随着生活方式的多样化和休闲娱乐需求的增加，人们对体育课程内容的期望也不再局限于传统的技能训练，而是更加注重开发学生的兴趣爱好和个性特长，以满足个体化的需求。例如，一些学生对舞蹈、瑜伽等非传统体育项目的兴趣日益增加，因此，体育课程内容的选择也要考虑到这些非传统项目，以激发学生的热情和积极性。

社会体育需求的社区化和社交化特点越发凸显。社区体育活动的兴起和推广，使社会体育需求更加注重体育课程内容的社交性和团队合作性。学生希望通过体育课程，能够与同学们一起参与团队运动，从而提高与他人的交流能力、团队协作能力和领导能力。因此，在制定体育课程内容时，除了注重个体技能训练外，还需要考虑到团队项目的安排和社交性活动的组织，以满足学生在社区体育方面的需求。

社会体育需求还不断呈现出跨界融合的趋势。在当今社会发展进程中，体育与其他领域之间的融合与互动已经成为一种新趋势。例如，体育与艺术、文化的结合，促使体育课程内容的选择更加注重文化艺术元素的融入；体育与科技的结合，使体育课程内容更加注重科技创新和智能化应用等。这些跨界融合的需求使体育课程内容的选择标准更加丰富和全面，不仅需要关注传统的体育技能和健康素质，还需要关注学生的创新思维能力以及对多元文化的认知。

（四）学校体育资源的条件

学校体育资源是指为开展体育课程所必需的各种物质和条件，包括场地设施、器材设备、人力资源等方面的支持。对于体育课程来说，学校体育资源的充足与否直接影响着课程的质量和效果。

学校体育资源的充足与否需要考虑到场地设施的情况。学校应当配备多功能体育场地，如足球场、篮球场、田径场等，以满足不同运动项目的需求。还需要有相应的室内场地，如体育馆或健身房等，能够提供更多元化的运动项目和活动。这些场地设施的建设必须符合国家体育设施标准，保证安全性和舒适性。

在学校体育资源的条件中，器材设备的质量和数量也是关键因素。体育课程需要的器材设备包括球类、器械等，这些设备的品质直接影响学生的体验和学习效果。也需要保证器材设备数量足够，以满足所有学生的需求，避免资源短缺导致学生无法充分参与体育活动。

除了场地设施和器材设备，学校体育资源还需要考虑到人力资源的配置。教师是体育课程实施的主体，他们的专业知识和能力对于教学质量至关重要。因此，学校应当加强对体育教师的培养和持续进修，提升他们的教学水平和指导能力。也需要有足够的教练和辅导员，帮助学生进行训练和指导。

学校体育资源的充足与否还需要考虑到财力和管理的支持。体育设施的建设和器材的购置需要投入大量的财力，学校应当合理规划财务预算，以保证资源的充足和更新。同时，学校也需要建立健全的管理机制，确保体育资源的有效利用和保护。

二、体育课程内容的来源与筛选

（一）从体育理论中选择

在体育课程内容的来源与筛选中，从体育理论中选择恰当的内容是至关重要的一环。体育理论作为体育学科的基础，积累了大量的研究成果和理论知识，为体育课程的设计提供了宝贵的资源和指导。

首先，从体育理论中选择内容可以确保课程的科学性和教育价值。体育理论涵盖了体育运动的原理、规律、理论框架等方面的知识，通过深入研究和理性思考，我们能够将这些理论与实践相结合，为学生提供既有足够理论支持又具有实践操作性的内容。例如，根据体育生理学的理论，我们可以选择合适的运动项目和运动强度，以达到最佳的身体锻炼效果。

其次，从体育理论中选择内容可以满足学生的认知需求和学科要求。体育课程不仅是给学生提供体育运动的机会，更重要的是培养学生对体育运动的正确认知和理解。体育理论提供了对体育运动的深入解析，通过学习和理解体育理论，学生能够加深对体育运动的认识和领悟，培养其对体育的兴趣和热爱。因此，在选择体育理论内容时，我们要注重培养学生的学科思维和学科素养，使他们能够进行系统、科学的学科性思考和研究。

最后，从体育理论中选择内容可以促进创新和发展。体育理论的研究不断推动着体育学科的发展和创新，为体育课程的内容提供了丰富多样的选择。通过深入学习和研究体育理论，我们可以了解到最新的研究成果和理论观点，从而为课程内容的选择提供新的思路和创意。体育理论还可以与其他学科相结合，进行跨学科研究和探索，为体育课程内容的创新和升级提供更多可能性。

（二）从体育实践中选择

在体育课程内容的来源与筛选中，体育实践起着至关重要的作用。体育实践是指学生亲身参与各种体育活动和运动项目的过程。通过体育实践，学生可以亲身体验和感知不同体育项目的特点与魅力，培养对体育运动的兴趣和热爱。

选择从体育实践中引入课程内容，可以使学生更加身临其境地感受体育的魅力。通过参与各种体育活动，学生可以积极锻炼身体，提高身体素质。例如，进行跑步、跳绳、游泳等有氧运动，有助于提高学生的耐受力和协调性，增强心肺功能。同时，参与球类运动，如篮球、足球、乒乓球等，可以培养学生的团队合作意识和沟通能力。

通过体育实践，学生可以了解和学习各种运动技能与技巧。例如，通过参与田径运动，学生可以学会正确的起跑姿势、跳远技巧等；参与游泳活动，学生可以学会正确的划水姿势、呼吸技巧等。通过掌握这些技能，学生不仅能够在体育课堂上更好地发挥，还能够在日常生活中充分运用，提升自己的生活品质。

在体育实践中选择课程内容可以强化学生对体育价值的认识。通过参与各种体育活动，学生可以亲身体验到体育对于健康、团结、竞争等方面的积极影响，也可以感受到运动带来的快乐和成就感，进而形成对体育运动的积极态度。这种积极态度将有助于学生以更加主动和积极的心态参与到体育活动中，获得更全面的身心发展。

（三）创新性课程内容的筛选

在体育课程的内容选择过程中，创新性内容的筛选起着至关重要的作用。与传统的体育课程相比，创新性课程内容更能引发学生的学习兴趣，激发他们的学习热情，并促进他们的全面发展。

创新性课程内容的选择首先需要与时俱进。随着社会的快速发展和科技的不断进步，体育活动也应该与时俱进，适应不断变化的社会需求。因此，在筛选创新性课程内容时，我们应该关注当前社会和学生的需求，将现代化的体育理念和活动引入到课程中。

创新性课程的筛选还需要关注学生的兴趣和能力。体育课程既是培养学生体能的一种手段，也是培养学生兴趣和爱好的重要途径。因此，我们应该根据学生的兴趣和特长，选择适合他们的创新性课程内容。比如，对于对足球感兴趣的学生，可以引入足球技能训练和战术讲解等内容。

创新性课程的筛选还应该注重培养学生的创新思维和实践能力。体育课程不仅要传授学生基本的体育知识和技能，还应该培养学生的创新意识和创新能力。因此，在筛选创新性课程内容时，应该注重培养学生的团队合作意识、问题解决能力和创新思维等。

在筛选创新性课程内容时，还应该注重课程的多样性和综合性。体育课程应该涵盖如体育运动、体育科学、体育文化等多个方面的内容。这样不仅可以满足学生的不同需求，还可以提高学生的综合素质和能力。

（四）体育课程内容的综合性筛选

在确定体育课程内容时，综合性筛选是一个重要环节。这一步骤旨在将从不同来源中选出的体育课程内容进行综合评估和筛选，以确保所选内容符合相关标准和要求。下面将介绍体育课程内容综合性筛选的一些方法和步骤。

在体育课程内容的综合性筛选过程中，需要充分考虑与整体课程目标的契合度。内容的选择必须与课程的整体目标相一致，以确保能够达到教学的预期效果。评估内容是否能够满足学生的学习需求，是否能够提高学生的体育素养和技能水平，是综合性筛选的关键考量之一。

综合性筛选还需要考虑内容的可操作性和实施的可行性。这意味着选取的内容应该具有一定的可操作性，能够在实际的教学环境中被有效地实施和操作。还应该考虑内容的资源支持和教师的专业素养等方面的因素，以确保内容的有效传授和学生的有效参与。

综合性筛选也要考虑内容的创新性和时效性。体育课程应该具备一定的创新性，能够引导学生主动思考和积极参与。选择具有创新性的内容，可以提高学生对体育课程的兴趣和主动参与的积极性。同时，内容的时效性也是需要考虑的因素，体育领域发展迅速，需要不断更新和优化课程内容，以适应当下学生的需求和体育发展的趋势。

在综合性筛选过程中，还要关注内容的多样性和综合性。体育课程内容应该具有丰富的多样性，这样才能满足不同学生的需要和兴趣。内容的综合性则是指能够综合考虑不同方面的因素，以达到最佳的教学效果。

三、体育课程内容的组织与编排

（一）根据学生身体素质的差异进行组织编排

在体育课程内容的组织与编排中，考虑到学生身体素质的差异是至关重要的因素。学生的身体素质因体格、体能等不同而存在差异，因此，在组织编排体育课程内容时，需要充分考虑学生的身体素质差异，以促进每个学生的全面发展。

针对学生身体素质的差异，可以根据学生的基础情况进行分组，并针对不同组别的学生制定相应的课程内容。例如，可以将学生分为体能较好的高水平组和体能相对较弱的低水平组，针对高水平组的学生可以设置一些强度较大的运动项目，如跑步、游泳等，以进一步提升他们的身体素质；而对于低水平组的学生，则可以选择一些相对轻松的运动项目，如太极拳、瑜伽等，以逐渐提升他们的身体素质。通过这种方式，可以更好地满足不同学生的学习需求，并使每个学生都能够参与到体育课程中，并取得进步。

根据学生身体素质的差异，在体育课程内容的安排上应该注重难易程度的平衡。对于身体素质较好的学生，可以设置一些较为挑战性的运动项目，如篮球、足球等；而对于身体素质较弱的学生，则可以选择一些简单易学的项目，如羽毛球、乒乓球等。通过合理安排课程内容的难易程度，可以激发学生的学习兴趣，促使他们更好地参与到体育课堂活动中，达到良好的学习效果。

依据学生身体素质的差异，还需要考虑课程内容的关联性。体育课程的内容要层次分明、相互关联，以便学生能够有效地掌握相关知识和技能。在根据学生身体素质的差异进行组织编排时，教师要注重各个项目之间的衔接，让学生在学习过程中能够逐渐形成系统、完整的体育知识结构。例如，在教授学生基本跑步技能后，可以引导学生进一步学习田径运动项目，如跳远、跳高等，从而进一步提高学生的身体素质和技能水平。

根据课程目标的实现需要进行组织编排。无论是提高学生的身体素质、培养学生的协作意识，还是培养学生的领导能力等，课程目标的实现都是体育课程内容组织与编排的重要依据。在根据学生身体素质的差异进行组织编排时，应紧密结合课程目标，设计符合目标要求的课程内容，并通过不同的教学方法和评价方式，不断激发学生的学习主动性和参与积极性。

(二)根据课程内容的难易程度进行组织编排

在体育课程内容的组织与编排中，根据课程内容的难易程度进行合理的安排是非常重要的。因为学生的体育素质、兴趣和能力水平各不相同，他们对不同难易程度的课程内容的接受能力和理解能力也存在差异。因此，为了保证课程的有效性和学生的参与度，我们应该通过科学的方式来组织和安排体育课程内容。

第一，根据学生的体育素质来选择适应性的课程内容。体育课程涉及各种运动项目，有的项目对身体素质要求较高，有的则相对较低。通过对学生进行体质测试和评估，我们可以了解到每个学生的身体素质水平，并据此制订针对性的课程计划。对于身体素质较高的学生，我们可以安排一些挑战性较高的课程内容，如高水平的团体项目或竞技性较强的运动项目；而对于身体素质较低的学生，则应该选择一些容易上手、简单易操作的内容，逐步提高其技能水平。

第二，根据课程内容的难易程度进行分层和安排。课程内容可以根据不同的层级进行分类，根据学生的不同能力水平和学科需求，将课程内容进行合理分层，有助于学生的有序学习和逐步提高。对于初学者来说，可能需要先从一些基础的运动技能开始，逐渐引导学生掌握基本动作和技巧；而对于进阶学生来说，则可以选择较复杂的课程内容，帮助他们进一步提高技术水平和竞技能力。

第三，课程内容的难易程度也可以通过增加难度和复杂度来体现。在安排课程内容时，我们可以逐渐增加动作的难度、要求和组合，从而帮助学生克服困难，提高技能水平。例如，在进行体操课程时，可以从简单的平衡动作开始，逐渐增加动作的难度，如倒立、翻腾等，让学生逐步挑战和突破自己的极限。

值得注意的是，在进行课程内容的组织和编排时，我们应该充分考虑学生的实际需求和兴趣爱好。体育课程不仅是为了提高学生的身体素质，也是为了培养学生的兴趣和爱好。因此，在选择课程内容时，我们可以结合学生的兴趣和特长，安排一些有趣且具有挑战性的项目，激发学生的积极性和提高学生的参与度。

（三）根据课程内容的关联性进行组织编排

在体育课程的组织与编排过程中，考虑课程内容的关联性是十分重要的因素。通过合理地组织与编排课程内容的关联性，不仅可以提高学生的学习效果，还能够促进他们对于课程的整体理解和应用能力的提升。

首先，根据课程内容的关联性进行组织编排，可以帮助学生建立知识之间的联系。在体育课程中，不同的内容之间往往存在内在的关联性，如体育项目的技术要领、规则和战术之间存在密切的联系。因此，在组织过程中，我们可以将相关内容进行整合，使学生能够更好地理解和应用所学知识。

其次，根据课程内容的关联性进行组织编排，可以帮助学生形成系统性的学习思维。体育课程的内容往往是一个体系化的知识网络，学生在学习过程中需要建立这个网络的框架。通过将相关知识点有机地串联起来，学生可以在不同的学习环节加深对于整个体育课程的理解，从而形成系统性的学习思维。

再次,根据课程内容的关联性进行组织编排,可以提高学生的学习兴趣和主动性。当学生能够感受到不同内容之间的内在联系时,会激发他们对学习的积极性。他们会更主动地探索课程内容之间的关系,从而提高他们的学习效果和学习动力。学生在掌握了基础知识后,通过深入研究与拓展,发现更多的关联性和延伸内容,从而提升自己的学习深度和广度。

最后,根据课程内容的关联性进行组织编排也是为了培养学生的综合运用能力。在现实生活中,体育技能、身体素质和战术意识往往需要综合运用才能够取得好的效果。因此,通过将不同的内容有机地结合起来,可以帮助学生理解和掌握综合应用的技巧。同时,学生也能够更好地将所学知识运用到实际的体育活动中,提高他们的实践能力和解决问题的能力。

(四)根据课程目标的实现需要进行组织编排

为了确保体育课程能够有效地实现既定的教学目标,根据课程目标的实现需要进行合理的组织与编排是非常重要的。在组织和编排体育课程内容时,应该将课程目标作为指导,采取相应的措施和方法,以促进学生的综合素质发展。因此,本节将着重介绍如何根据课程目标的实现需要进行组织编排。

在组织和编排体育课程内容时,需要明确课程目标的具体要求和学生的实际情况。根据学生的兴趣爱好、身体素质以及学习能力等方面的差异,我们可以将学生分为不同的层次或组别。对于身体素质较好的学生,可以选择更高难度、更具挑战性的体育活动或项目。而对于身体素质较差的学生,应该选择适合他们发展的项目,并逐步引导他们提高身体素质。通过这样的组织编排,能够满足不同学生的学习需求,促进他们在体育方面的全面发展。

根据课程内容的难易程度进行组织编排也是非常重要的。课程内容的难易程度直接影响着学生对体育课程的兴趣与参与度。在组织和编排体育课程内容时,应该根据学生的年龄、发展水平以及课程目标的要求,合理地确定课程的难度和挑战性。对于初学者或身体素质较差的学生,可以选择一些相对简单、易于掌握的体育项目,并逐步增加难度,提高他们的技能水平。而对于有一定基础的学生,可以选择更复杂且具有挑战性的体育项目,以激发他们的学习兴趣和潜能。

课程内容的关联性也是组织和编排体育课程的一个重要因素。在组织和编排课程内容时,应该根据相关性原则,将不同的体育项目或活动有机地组织起来,形成一个连贯统一的整体。通过合理的关联安排,可以使学生在参与不同体育项目时能够形成横向的衔接和纵向的延伸,促进他们体育素质的全面提高。还可以通过设置一些综合性的体育运动或活动,让学生能够将不同项目的技能有机地整合和应用,培养他们的综合运动能力。

在不同阶段的体育课程中,应根据具体的课程目标和学生的实际需求,优化并调整课程内容的组织和编排。根据课程目标的变化和学生的发展特点,对课程内容进行动态调整,确保其与目标的契合度。同时,也要及时关注和倾听学生的反馈与意见,根据他们的需求和兴趣进行相应调整。通过不断更新和优化课程内容的组织和编排,可以提高学生的学习积极性和参与度,同时也为学生未来的学习和发展奠定坚实的基础。

四、体育课程内容的更新与优化

(一)通过教学反馈进行内容更新和优化

教学反馈是体育课程内容更新和优化的重要依据之一。在体育课程中,教师常常通过各种形式的教学评价与学生进行沟通和交流,了解他们对当前内容的理解程度、学习效果以及对于课程改进的建议。通过教学反馈的收集和分析,教师能够及时了解学生对于课程内容的需求和期望,并根据这些信息进行相应的调整和优化。

一种常见的教学反馈方式是课堂讨论和互动。在体育课堂中,教师可以通过提问、小组合作等形式,引导学生积极参与课程内容的讨论和思考。通过观察学生的回答和表现,教师可以了解到学生对于当前内容的理解情况,及时纠正误解,强化重点,以达到更好的教学效果。

教学反馈还可以通过作业和考试等方式进行收集。通过分析学生的作业表现和考试成绩,教师可以了解学生在掌握课程内容方面存在的问题和困惑。基于这些信息,教师可以有针对性地对教学内容进行调整,重新解释难点,提供更多的练习机会,以帮助学生充分掌握和理解课程内容。

教学反馈的重要性不仅限于对于学生个体的课程更新和优化,还能够为整个教学团队提供有益的参考。通过对教学反馈的集体分析和讨论,教师可以互相交流经验,共同改进课程设计和内容安排。在这个过程中,教师可以借鉴和吸收其他同事的优秀实践经验,进一步提升教学质量和效果。

(二)根据学生需求进行内容更新和优化

学生需求是体育课程内容更新和优化的关键因素之一。体育课程应该密切关注学生的兴趣、需求和特点,以满足他们的学习需求,并提供更好的教学效果。

1. 了解学生需求是实现内容更新和优化的前提

体育教师可以通过调查问卷、访谈以及课堂观察等方式,获取学生对课程内容的反馈和意见。通过有效的沟通、交流渠道,教师可以深入了解学生对不同体育项目的兴趣、偏好以及他们希望获得的知识和技能。

2. 根据学生需求进行内容更新和优化是重要的环节

基于学生的反馈和需求,体育教师可以调整课程内容的组织、难度和形式,以提高学生的参与度和学习效果。例如,如果学生对某项体育项目不感兴趣,教师可以尝试引入新的趣味性活动或者与学生一起讨论并决定替代性的体育项目,从而更好地满足学生的需求。

3. 学生需求也可以促进体育课程内容的多元化

学生的兴趣和需求往往有所差异,一种单一的课程内容很难完全满足所有学生。因此,教师可以根据学生的不同特点和需求,设置不同的选修课程、专题讲座或分层教学,以便让每个学生都能找到适合自己的学习路径。

4. 通过学生需求进行内容更新和优化,也需要与学生建立良好的合作关系

教师可以鼓励学生积极参与课程设计和评价过程,以便了解他们对课程内容的期望和建议。通过与学生积极互动,教师可以更好地了解学生的需求,并且在内容更新和优化的过程中做出准确的调整。

(三)通过社会需求进行内容更新和优化

社会需求是体育课程内容更新和优化的重要参考因素。社会需求的变化反映了社会对体育课程的期望和要求,也指引着体育课程的发展方向。因此,借助社会需求进行体育课程内容的更新和优化,能够使体育课程更加符合时代背景和

社会现实。

社会需求是指社会对体育课程内容的实际需求和期望。随着社会的不断变迁和发展,人们对体育课程的需求也会随之改变。例如,现代社会注重全面发展和健康素质的提升,对体育课程提出了更高的要求,希望课程内容能够更加多元化和综合化。因此,教育部门需要调研社会需求,了解公众的期望和关注点,从而更新和优化课程内容,以满足人们的需求。

社会需求的变化也在一定程度上反映了社会对体育发展的认知和追求。随着人们对健康的重视和健身意识的普及,社会对体育课程内容的更新和优化提出了更高的要求。比如,在过去的体育课程中,比较重视体能训练和竞技比赛,而在现在的社会中对于体育课程更加注重综合素质的培养,特别是强调合作团队意识、身体和心理健康的提升。因此,在体育课程内容更新和优化中,需要根据社会需求的变化,注重综合素质的培养,以适应社会发展的潮流。

社会需求也与社会问题的关注密切相关。社会问题的产生和发展,会推动体育课程内容的更新和优化。比如近年来,青少年近视率逐年上升,坐姿不端正等问题引起了公众的关注。针对这些问题,体育课程应当加强相关内容的训练,如眼保健操和正确坐姿的养成,以提高学生的身体健康水平。因此,根据社会问题的关注度,教育部门可以将相关内容纳入体育课程中,实现课程的更新和优化。

(四)通过体育科技进步进行内容更新和优化

随着科技的不断进步和应用,体育课程的内容也应与时俱进,以适应新的教学需求和社会发展。体育科技的进步为我们提供了许多新的工具和方法,可以用于更新和优化体育课程的内容。

在体育科技进步的推动下,我们可以通过引入新的教学工具和设备来更新体育课程的内容。例如,现代化的运动场馆、先进的运动测量仪器、虚拟现实技术等,这些新的工具和设备可以使学生更加直观地了解体育运动的要素和技巧。通过使用这些工具和设备,教师可以更加生动地演示和解释体育知识,激发学生的学习兴趣和参与度。

体育科技的进步也为我们提供了更多获取和传播体育知识的渠道,这为更新体育课程内容提供了方便和可能。现在,我们可以通过互联网、移动应用程序等途径获取来自各个领域和专业的体育知识。教师可以利用这些渠道获取最新的研究成果和实践经验,结合自己的教学实践进行内容的更新和优化。同时,通过互联网和社交媒体等渠道，教师还可以与其他同行进行交流和分享，共同探讨体育课程内容的更新和优化。

体育科技也提供了更多的数据和信息来支持体育课程内容的更新和优化。运动生物力学、运动生理学等领域的研究成果可以帮助我们更加深入地了解运动的规律和原理，从而优化体育课程的内容和方法。通过运动数据的收集和分析，我们可以了解学生在体育课程中的表现和进步，从而根据学生的实际需求来更新和优化体育课程的内容和教学方法。

第三节　体育课程的实施

一、体育课程实施的基本要求

（一）设备设施要求

在体育课程的实施过程中，合理的设备设施是非常重要的。它们不仅可以为学生提供进行体育运动所需的场地和工具，还可以为学生提供安全的环境和良好的体验。因此，在体育课程实施中，对设备设施的要求不容忽视。

设备设施的选择应当与课程目标和学生的年龄、能力相匹配。例如，对于小学生，应该提供简单、易操作的器材和场地，以帮助他们基础运动技能的发展。而对于高中生，则需要提供较为复杂、专业的器材和场地，以满足他们更高水平的体育运动需求。

设备设施应当保持良好的维护和更新。定期进行设备设施的检查和维修，保证它们的正常运行和安全性。随着科技的进步和教育需求的变化，注重设备设施的更新和升级也是必要的。例如，引进一些新的体育器材或者改进已有的设备，有助于提高学生的兴趣和参与度。

对于体育课程实施中的特殊需要的学生，还需要根据他们的需求提供相应的设备设施。比如，对于身体残疾的学生，应当配置适合他们使用的特殊器材和改造过的场地，以确保他们能够平等地参与体育活动。对于视觉或听觉障碍的学生，应当提供足够的辅助设备和指导，让他们能够全面地体验和享受体育运动。

对于设备设施的管理与保管也是至关重要的。学校和教师应当建立健全的设备设施管理制度，确保设备设施的合理使用和保护。例如，制定借用规定，明确使用者的责任和义务；加强设备设施的存储和保护工作，防止损坏或丢失。

（二）教师质量要求

教师在体育课程实施中扮演着重要的角色，他们的专业素养和教学能力对于学生的学习效果至关重要。要确保体育课程实施的有效性和质量，教师需要满足一定的要求。

1. 教师应具备扎实的专业基础知识

教师应了解体育课程的教学目标、内容和要求，并能够将其转化为有针对性的教学方法和策略。教师还应了解学生的身体发育特点和心理特点，以便能够根据学生的需要进行个性化教学。

2. 教师需要具备良好的教学技能

教师应具备清晰明确的教学目标，能够设计和组织有针对性的教学活动，培养学生的动作技能和身体素质。教师还应善于运用不同的教学方法和教学手段，以激发学生的学习兴趣和参与主动性。教师应注重启发式教学，引导学生主动探究和发现，培养他们的自主学习能力。

3. 教师需要具备良好的沟通和引导能力

教师应能够与学生建立良好的互动关系，准确理解学生的学习需求和困难，并给予及时的指导和帮助。教师还应注重鼓励与赞扬，激发学生的自信和积极性。教师还应与家长和其他教育者保持良好的合作关系，共同关注学生的体育发展和综合素质的提升。

4. 教师需要具备积极的教育理念和职业道德

教师应以学生的全面发展和身心健康为最高追求，注重培养学生的品德和正确的价值观。教师还应尊重学生的个体差异，关注每个学生的成长和进步。教师还应不断提升自己的专业素养，参加教育培训和学术研讨，保持教学内容与时俱进，注重创新。

(三)学生参与要求

在体育课程实施中,学生的积极参与是至关重要的。学生的参与不仅体现了他们的学习态度和兴趣,也直接影响到体育课程的教学质量和效果。因此,在体育课程实施过程中,我们需要关注学生参与的要求,以确保他们能够全面参与并获得良好的学习体验。

学生参与要求涉及学生的积极参与和主动学习。在体育课堂上,我们应鼓励学生积极参与各项体育活动,如体育游戏、运动训练和体育技能训练等。通过参与这些活动,学生可以锻炼身体、培养团队合作意识,同时也可以提高自己的运动技能。

学生参与要求包括学生在体育课程中的自主选择和合理安排。我们鼓励学生在体育活动的过程中,能够根据自己的兴趣和特长,选择适合自己的体育项目。通过自主选择的体育项目,学生可以更好地发挥自己的优势和潜力,并且更加愿意全身心地投入到学习中去。

学生参与要求包括学生在体育课程中的积极互动。在体育课堂上,我们应鼓励学生之间的互动交流和团队合作。通过互动交流,学生可以互相学习和帮助,更好地理解和掌握体育知识和技能。通过团队合作,学生可以培养团队意识和合作精神,提高整体的学习效果。

学生参与要求还涉及学生对体育课程的反馈和评价。我们应鼓励学生对体育课程的内容和教学方法进行反馈和评价,以促进课程的改进和提高。学生的反馈和评价可以帮助教师了解学生的需求和意见,进一步优化体育课程的设计和实施,从而更好地满足学生的学习需求。

二、体育课程实施的原则与技巧

(一)实施原则

在体育课程的实施过程中,有一些基本的原则需要我们加以遵守和应用。这些原则旨在确保课程的有效性和学习者的积极参与。下面,我们将介绍五个重要的实施原则。

1.因材施教

针对不同的学生群体，我们需要根据其特点和能力水平，进行个性化的教学。体育课程是一个集体活动，学生的身体素质、技能水平和兴趣爱好各不相同，因此，我们需要灵活运用不同的教学资源和方法，以满足每个学生的发展需求。

2.激发学生的学习兴趣和主动参与精神

学生在学习体育课程时，应该感受到学习的乐趣和意义，从而积极主动地参与其中。为了实现这一目标，教师可以采用多样化的教学策略，如游戏化的学习活动、情景模拟等，以增强学生的参与度和积极性。

3.创设积极的学习环境

良好的学习环境可以为学生提供安全、舒适的学习氛围，激发学生的学习热情和自信心。教师可以通过营造合作与互助的氛围，鼓励学生之间的交流与合作，培养团队意识和合作精神。

4.提供个性化的学习支持

每个学生在学习过程中都会面临不同的困难和挑战，因此，教师应该提供个体化的支持和指导。例如，在课堂上，教师可以通过分组讨论、个别辅导等方式，帮助学生解决学习上的问题。

5.注重知识与实践的结合

体育课程不仅仅局限于理论知识的传授，更需要学生在实践中掌握和应用所学内容。因此，教师应该设计具有实践性质的学习任务和活动，让学生在实践中巩固和运用所学知识与技能。

(二)教学技巧

在体育课程的实施中，教师的教学技巧起着至关重要的作用。教学技巧的使用能够提高学生对体育知识和技能的掌握程度，促进学生的全面发展。在教学技巧的运用上，有一些值得注意的原则和方法。

1. 注意因材施教

每个学生的学习特点和学习能力都有所不同，教师应根据学生的个体差异进行因材施教。这就要求教师在课堂上灵活运用多种教学方法，满足不同学生的学习需求。例如，在技能训练环节中，教师可以为学习能力较差的学生提供更多的辅助指导，而对于学习能力较强的学生，可以提供更高难度的训练任务，以促进他们的进一步发展。

2. 注重激发学生的学习兴趣

学习兴趣是学生学习的重要动力，教师应通过各种途径激发学生对体育课程的兴趣。一种常用的方法是运用游戏化教学的方式，通过设置游戏、竞赛等活动，让学生在愉悦的氛围中积极参与学习。教师还可以选择一些有趣的案例或故事，激发学生的好奇心和主动思考的思维习惯，从而激发他们的学习热情。

3. 注重培养学生的合作意识和团队精神

体育课程不仅是单纯的技能训练，更重要的是培养学生的合作能力和与他人合作的意识。因此，在教学过程中，教师可以设计一些小组活动或合作任务，让学生在团队中相互合作、互相协作，共同完成任务。通过这种方式，不仅能够提高学生的团队合作能力，还可以激发他们的创造力和思维能力。

4. 注重评价与反馈

教师不仅要传授知识技能，更要注重学生的学习效果和发展。因此，在教学过程中，教师应该及时对学生的学习情况进行评估，并给予及时的反馈。这种反馈不仅是简单的批评或表扬，更应该是帮助学生理解自己的优势和不足，激励他们不断进步。教师可以通过定期的测验、作品展示、小组讨论等方式进行评估和反馈，以便及时调整教学策略，促进学生的学习效果。

（三）学生引导技巧

学生引导技巧是体育课程实施中非常重要的一环。通过正确的引导，可以帮助学生更好地参与体育活动，培养他们的兴趣与热情。以下是一些学生引导技巧的具体操作方法。

1. 了解学生个体差异

每个学生都有不同的身体条件、兴趣爱好和学习能力。作为体育教师，在引导学生参与体育活动时，需要认识到这些差异，并根据学生的特点采用相应的引导策略。例如，对于体育能力较弱的学生，可以提供简单的活动项目，以增强他们的参与意愿和自信心。

2. 设立明确的目标与要求

在引导学生参与体育活动时，需要明确告知他们参与的目的和要求。这样可以帮助学生明确自己的学习目标，并激发他们的学习动力。例如，在引导学生进行篮球比赛时，可以明确告诉他们要提高团队合作能力和篮球技术。

3. 鼓励学生自主探究

学生引导不应局限于传授知识和技能，更应该培养学生的自主学习能力。体育课堂是学生主体性较强的教学环境，在引导学生参与体育活动时，可以鼓励他们自主探究和解决问题。例如，在引导学生进行足球训练时，可以让他们自行组织训练计划和解决战术问题。

4. 注重积极肯定和激励

在学生引导过程中，及时给予学生积极的肯定和鼓励，可以激发他们的学习兴趣和动力。当学生在体育活动中取得进步或做出积极表现时，可以及时肯定和赞扬他们的努力和成绩。

5. 灵活运用多种引导方式

学生引导并非只有一种方式，体育教师可以根据不同的情境和需求，灵活运用多种引导方式。例如，通过示范、提示、讲解、提问等方式，引导学生掌握技能、理解规则和解决问题。

三、体育课程的实施方式

(一)传统实施方式

传统实施方式是指一种一直以来被广泛采用的体育课程的实施方式。这种方式主要强调学生对传统体育项目的学习和掌握。在传统实施方式下，体育课程主要以课堂教学为基础，通过传授知识、技能和技术来培养学生的体育素养和技能水平。

传统实施方式注重基础知识的传授。教师要首先向学生介绍具体的体育项目，包括规则、基本技能和相关知识。通过理论讲解和实际演示，学生可以更好地理解体育项目的背景和目标。

传统实施方式重视技能的训练和练习。教师会组织学生进行系统的技能训练，如基本动作的掌握、技术动作的练习等。通过反复的练习，学生可以逐步提高技术水平，并能够在实际运动中运用所学的技能。

传统实施方式也注重团队合作和竞争意识的培养。在体育课程中，教师会组织学生进行集体活动和比赛，旨在培养学生的合作精神和团队意识。通过合作与竞争，学生可以学会相互协作、互助互利，并从中体会到竞争的激烈与乐趣。

传统实施方式强调对体育文化和精神的培养。在体育课堂上，教师会通过讲述和解读体育的历史、价值观等内容，引导学生了解体育的本质和意义。通过了解体育的文化内涵，学生能够更好地理解和尊重不同体育项目及其相关文化和价值观。

（二）现代科技辅助实施方式

现代科技的快速发展为体育课程的实施方式带来了全新的可能性。在现代科技辅助实施方式下，教师和学生可以利用各种科技设备和软件，以改善课堂教学效果，并提供更为丰富的学习体验。以下是几种常见的现代科技辅助实施方式。

虚拟现实技术是一种被广泛应用于体育课程的现代科技手段。通过使用虚拟现实设备和软件，学生可以身临其境地参与各种体育活动，如滑雪、攀岩和游泳等。虚拟现实技术不仅提供了安全和便利的学习环境，还可以激发学生的兴趣和积极性，从而提高他们的参与度和学习效果。

智能手机和平板电脑等移动设备的普及也给体育课程的实施方式带来了革新。教师可以利用移动设备上的各种应用程序和软件，将课堂内容以图文、音频和视频等多种形式呈现给学生。这不仅给学生提供了更加生动和直观的学习方式，还可以帮助学生更好地理解和记忆课堂知识。

与移动设备相配套的传感器设备也可以在体育课程中发挥重要作用。通过佩戴传感器设备，学生的运动数据可以实时被记录和分析，教师可以根据这些数据对学生的运动技能和身体状况进行评估与指导。传感器设备不仅提供了客观的数据支持，还可以激发学生的自主学习和自我管理能力。

网络和在线平台的广泛应用也为体育课程的实施方式带来了便利。通过在线平台，教师可以分享和发布课程资料、视频教学和学习任务等，并与学生进行互动和讨论。这种实施方式打破了传统的时间和空间限制，使学生可以随时随地进行学习和交流。

(三)体验式学习实施方式

体验式学习是一种以学生为中心的教学方式，旨在通过亲身参与和实践，促进学生的全面发展。体验式学习主张学生通过亲身经历，通过感性认识和体验获取知识和技能，并且在实践中反思和理解。在体育课程中，体验式学习实施方式具有很多优点和特点。

第一，体验式学习能够激发学生的主动性和积极性。传统的课堂教学方式往往是以教师为中心，学生被动接受知识。而在体验式学习中，学生充分参与其中，通过亲身体验和实践，能够更加主动地学习和探索。他们可以自己动手解决问题，培养自己的创新能力和解决问题的能力。

第二，体验式学习能够提升学生的综合素养和能力。在体验式学习中，学生扮演着积极的角色，通过参与实践活动，他们能够全面发展各个方面的能力。比如，在体验式学习的体育课堂中，学生不仅能够锻炼身体，还可以培养团队合作意识、交流能力、领导能力等多方面的素养。

第三，体验式学习有助于加深学生对知识和技能的理解与记忆。通过亲自实践和体验，学生可以加深对所学知识和技能的理解，并且有更加深刻的记忆。体验式学习可以将抽象的知识和技能转化为具体的实践，从而使学生更加容易理解和掌握。

第四，体验式学习能够培养学生的创新思维和实践能力。在体验式学习中，学生面对各种问题和挑战，需要自主思考和解决。通过实践，他们能够培养创新思维和实践能力，从而培养出更有创造力和实践能力的学生。

(四)比赛竞技实施方式

比赛竞技实施方式是体育课程中常见的一种教学方法。通过组织各类体育比赛和竞技活动，可以激发学生的兴趣和积极性，提高他们的体育技能和竞技能力。在比赛竞技实施方式中，教师的角色更多的是引导者和组织者，通过正确的指导和合理的安排，使学生在参与比赛竞技中得到锻炼和成长。

在比赛竞技实施方式中，合理的比赛规则和积极的竞争氛围起着关键的作用。比赛规则应当明确、公正，并能够体现公平竞争、交流互动的精神。教师在制定比赛规则时，应当注重创造一个公平的比赛环境，使每个学生都有参与的机会和平等的竞争权利。积极的竞争氛围能够激发学生的学习动力和竞技意识。教师可以通过宣传优秀的运动员事迹、分享成功的经验等方式，培养学生良好的竞争心态，引导他们从竞争中学习和成长。

为了有效实施比赛竞技方式，教师还需要合理安排比赛活动的形式和内容。教师应当根据学生的年龄、兴趣和特点选择适宜的比赛类型，如田径比赛、球类比赛等。在比赛前，教师应当对学生进行充分准备，包括技能训练、战术指导和身体素质的提升。在比赛中，教师还可以适时给予学生指导和鼓励，帮助他们克服困难，提高比赛水平。

在比赛竞技方式中，评估和反馈是一个重要环节。教师应当针对每个学生的表现进行客观、全面的评估，如技术动作的准确性、比赛策略的执行情况以及团队合作的表现等。评估结果应当及时向学生反馈，并针对他们的优点和不足提出具体建议和指导，帮助他们不断进步。

四、体育课程的评估与反馈

（一）评估方法

在体育课程的实施过程中，评估是一项至关重要的任务。评估不仅可以帮助教师了解学生的学习情况，还可以为教师提供反馈和改进的机会。因此，选择合适的评估方法对于确保体育课程的有效实施至关重要。

一种常用的评估方法是通过观察学生在体育活动中的表现。教师可以通过观察学生的姿势、动作技巧、运动能力等来评估学生的学习水平。观察评估方法的优势在于直观、具体，能够提供对学生实际动作表现的直接反馈。观察评估方法还可以帮助教师了解学生在不同活动中的兴趣和参与度，从而为后面的教学提供参考。

写作评估是另一种常见的评估方法。通过要求学生在课后撰写学习感悟、总结或教师观察到的问题等,教师可以评估学生对课程内容的理解和掌握程度。写作评估方法的优势在于可以促进学生的思考、整理和表达能力的发展,同时也为学生提供了一个反思和总结的机会。但需要注意的是,教师在设计写作评估任务时应确保问题具有针对性和启发性,以引导学生深入思考和提高自主学习的能力。

考试是一种常见的评估方法之一。通过设立体育知识和技能的考试,教师可以直接评估学生的学习成果。考试评估方法的优势在于可以客观、定量地评估学生的学习水平。但需要注意的是,考试评估方法将学习结果转化为分数,不能全面反映学生的学习过程、态度和能力,因此在使用考试评估方法时应结合其他评估手段来综合评估学生的学习情况。

访谈和问卷调查也是一种常用的评估方法。教师可以通过与学生的交流、询问学生的观点和体验,或是发放问卷调查来了解学生对体育课程的感受和意见。这种评估方法的优势在于可以获取学生的主观反馈,了解学生对课程内容、教学方式等方面的满意度和改进建议。通过访谈和问卷调查,教师可以及时了解学生的需求和意见,以便进行相应的调整和优化。

(二)评估标准

在体育课程实施的过程中,评估标准起着至关重要的作用。评估标准的制定是确保体育教学质量的重要手段之一。在制定评估标准时,需要从多个方面进行考虑,以确保评估的全面性和准确性。

评估标准应该与体育课程的目标和内容相一致。体育课程的目标是培养学生的身体素质、学生对体育运动的兴趣以及团队合作能力等,以确保评估的有效性。

评估标准应该具体明确,能够衡量学生在体育课程中不同方面的表现。具体包括体育技能的掌握程度、体育运动的战术应用能力、身体素质的提升、团队合作能力的发展等。评估标准应该具体描述每个方面的表现标准,以便评估人员能够进行准确评估。

评估标准应该是可衡量的,即能够通过具体的测量指标来判断学生的表现。例如,在评估体育技能的掌握程度时,可以通过测试学生在某项具体技能上的表现,如投掷的准确性、跑步的速度等,来确定学生的水平。这种具体测量指标能够使评估更加客观和准确。

评估标准还应该考虑到学生的年级和发展水平。不同年级的学生在体育课程中的表现会有所不同，评估标准需要对差异进行区分，以便对学生进行公平的评估。评估标准应该根据学生的发展水平，逐渐提高要求，以促进学生的持续进步。

评估标准需要考虑到个体差异和多样化的表现方式。每个学生都有其独特的特点和能力，在评估过程中需充分考虑这些个体差异，灵活使用评估标准来评估学生的表现。评估标准应该能够容纳多样化的表现方式，以反映每个学生在体育课程中的个体发展。

（三）反馈机制

反馈机制是体育课程实施中至关重要的一环，它能帮助教师了解学生的学习情况，并根据评估结果提供有针对性的建议和指导。下面将重点探讨体育课程中的反馈机制，包括反馈的形式、反馈的内容以及反馈的操作步骤。

反馈可以采用多种形式来进行。其中，口头反馈是比较常见的形式，通过与学生的交流、讨论和问题解答，教师可以对学生进行实时的指导和鼓励。书面反馈也是一种有效的方式，教师可以通过批注学生的作业、写下学生的优点和改进的建议等来进行反馈。还可以利用技术手段，如使用在线评估工具或视频录像等方式记录学生的表现，并通过与学生的讨论进行反馈。

反馈的内容应该具体明确，准确反馈学生的表现和问题。教师应该针对学生的知识掌握、技能运用、学习态度和团队合作等方面进行评价，并根据学生的实际情况提供具体的建议和改进措施。例如，针对学生的表现不够出色的情况，教师可以提供有针对性的辅导，帮助学生找出问题所在并给予改进建议。教师还可以表扬学生的优点和成绩，以增强学生的积极性和自信心。

反馈机制的操作步骤也需要合理安排和规划。在实施反馈之前，教师应该明确反馈的目的和内容，并选择适当的反馈方式。在给出反馈时，教师应该注意语言的准确性和积极性，避免给学生带来负面情绪。同时，教师还可以与学生进行面对面交流，进一步了解学生的反馈需求，以便提供更加个性化的反馈。

第三章 当代体育教育管理理论

第一节 体育教育管理的概念与特点

一、体育教育管理的定义与内涵

(一)体育教育管理的定义

体育教育管理作为一门专门的管理学科,旨在研究和应用管理理论与方法来指导和促进体育教育事业的发展。从概念上来看,体育教育管理可以被定义为一种通过有效的组织、调配和协调资源的方式,来实现体育教育目标的管理活动。

体育教育管理的定义强调了它作为一门独立的学科,与其他学科相互区分。体育教育管理综合了管理学的理论和方法,同时结合了体育教育领域特有的特点和需求,以实现体育教育的目标为导向。

体育教育管理的定义强调了管理的基本任务,即组织、调配和协调资源。在体育教育领域,资源包括人力资源、财务资源、设施设备等。体育教育管理的任务是通过合理利用这些资源,来推动体育教育事业的可持续发展。

体育教育管理的定义还突出了其目标导向性。管理的目标是实现体育教育的发展和提升,包括提高学生运动技能水平、促进学生身心健康发展、培养学生的意志品质等。这些目标既是体育教育的追求,也是体育教育管理的方向和指导原则。

体育教育管理的定义还强调了其在实践中的应用性和可操作性。体育教育管理理论和方法的研究,旨在为体育教育管理者提供有效的指导和工具,以便他们能够更好地管理和运作体育教育事业。

(二)体育教育管理的内涵

体育教育管理作为一门学科,包含多个方面的内容。体育教育管理涵盖了体育教育的各个环节,从项目规划、资源配置、组织实施到效果评估,涵盖了体育教育的方方面面。体育教育管理关注的重点不仅是学生的身体素质和技能培养，更注重培养学生的综合能力，如智力、情感、道德、社交等。体育教育管理通过科学的方法和手段，有计划地促进学生的健康成长和全面发展。

在体育教育管理的内涵中，还有一个重要的方面即组织与管理。体育教育管理强调整合资源、制定有效管理体制和规章制度，以达到优化体育教育的目标。这涉及对教育资源的科学配置，以及对教育过程的有效组织与监督。体育教育管理注重培养学生的自主学习能力和自我管理能力，通过制订合理的教育计划和规范的教育管理流程，不断提升教育管理的效能。

体育教育管理还强调与相关学科的交叉和融合。体育教育管理与教育学、管理学、心理学等学科有着密切的联系。在体育教育管理的实践中，需要借鉴教育学的理论和方法，系统地研究和改进体育教育的教学组织和实施过程。同时，借助管理学的理论和技巧，完善体育教育的管理体系和管理流程。心理学的知识和方法也对体育教育管理起到重要的指导作用。它能够帮助管理者更好地了解学生的心理需求和发展特点，制定更加科学、合理的管理策略。

二、体育教育管理的特点

(一)体育教育管理的特殊性

在体育教育管理中，特殊性是其最突出的特点。体育教育管理在实践中面临着一系列与其他领域不同的挑战和特殊要求。与一般的管理工作相比，体育教育管理在追求组织效能的同时，更注重学生的全面发展和个性培养。体育教育管理的目标不仅是培养优秀的运动员，更重要的是通过体育活动培养学生的品德、智慧、体魄和协作意识，使他们成为有益社会的公民。

体育教育管理具有较强的身体性特质。相比其他学科，体育教育存在与身体相关的特殊要求。体育教育管理工作更注重对学生身体的锻炼和健康的维护。运动项目的选择、教练员的培养和指导、体育设施的建设与管理等都需要体育教育管理者具备专业的身体素质知识和管理技能。

体育教育管理还具有明确的教育目标和使命。体育教育管理者承担着培养学生全面发展的责任。他们必须了解学生的需求和潜力，制定适合不同年龄和水平的教育方案，促进学生的身心健康发展。在实施教育管理的过程中，体育教育管理者需要关注学生的个体差异,采用多样化和个性化的教学方式,最大限度地发掘学生的潜力和特长。

(二)体育教育管理的复杂性

体育教育管理作为一门特殊的学科,其复杂性主要表现在多个方面。体育教育管理的对象涉及群体广泛,包括学生、教师、教练员、家长等多个参与体育教育的主体。每个主体都可能具有不同的需求、背景和能力水平,因此在管理过程中需要综合考虑不同群体的特点和个体差异,制定相应的管理策略。

体育教育管理涉及诸多环节和要素,如课程设置、教学计划、资源配置、考核评价等。这些环节和要素之间存在复杂的相互关系和相互影响,需要综合考虑各要素的作用,合理协调各个环节和要素之间的关系,以实现高效的管理。

体育教育管理还面临着不确定性和变动性的挑战。体育教育活动受许多外部因素的影响,如社会环境、政策法规、经济状况等,这些因素的变化往往对体育教育管理产生重要影响。管理者需要及时了解外部环境的变化,并做出相应的调整和决策,以应对不确定性带来的挑战。

体育教育管理还需要与其他学科进行密切的联系和合作。体育教育管理与心理学、教育学、管理学等学科都存在紧密的关联,可以互相借鉴和融合各自的理论与方法,共同提升管理水平和效果。

(三)体育教育管理的科学性

体育教育管理的科学性是指体育教育管理工作在实践中需要遵循科学的原则、方法和规律,以科学的手段来推动体育教育事业的发展。具体来说,体育教育管理的科学性体现在以下四个方面。

第一,体育教育管理的科学性在于其需要建立在科学的理论基础之上。只有通过深入研究和理解体育教育管理领域的相关理论,才能够更好地指导和推动实践工作的进行。比如,管理学中的组织行为理论、领导理论以及沟通与协调理论等,都对体育教育管理提供了有益的借鉴和指导。

第二,体育教育管理的科学性要求我们注重数据的收集和分析。通过收集和分析相关数据信息,可以帮助管理者更好地了解运动队伍的现状和问题所在,并进行科学的判断和决策。比如,通过对运动员的身体素质、训练数据、比赛成绩等的统计和分析，可以为制订科学的训练计划和选拔机制提供有力的支持。

第三，体育教育管理的科学性体现在注重科学方法的运用。体育教育管理工作需要遵循科学的管理方法，合理地制定和实施管理策略。管理者应当注重数据分析、问题诊断、目标设定、计划制订、执行评估等环节，通过科学的方法来解决管理中的各种问题，从而提高管理效能。

第四，体育教育管理的科学性在于它需要与现代科学技术相结合。随着科技的发展，各类信息技术、数据分析工具、体育设备等的应用，为体育教育管理工作提供了更多的科学手段和支持。例如，运用计算机技术和虚拟现实技术，可以进行运动员的生理生化参数检测和训练模拟，从而更好地指导训练和提高成绩。

三、体育教育管理的功能

（一）规划功能

体育教育管理的规划功能是指在体育教育管理过程中，通过对资源的科学规划和合理分配，为实现体育教育的目标和任务提供有效支持。规划功能涉及各个方面的决策和计划，以确保体育教育管理的有序进行。

1.规划功能要求对体育教育的目标进行明确和具体的规划

体育教育管理者需要明确体育教育的发展方向和目标，确定适应当地实际情况的教育目标，并制定相应的实施方案。通过这样的规划，可以确保体育教育的发展与实际需求相适应，达到预期效果。

2.规划功能包括对资源的规划和合理配置

体育教育管理者需要了解当地体育资源的分布和利用情况，根据实际需求进行资源规划，并进行资源的合理配置。这样有助于提高资源的利用效率，提升体育教育管理的质量。

3.规划功能需要制订详细的实施计划和时间表

体育教育管理者需要清楚地制订具体的实施计划，将其分解为可操作的具体任务。这样的规划能够帮助管理者合理安排时间和资源，从而保证体育教育工作的顺利进行。

4.规划功能需要对体育教育的评估和监控进行规划

体育教育管理者需要制定评估指标和方法，对体育教育工作进行定期评估和监控，及时发现问题并解决，不断优化管理措施。通过这样的规划，可以提高体育教育管理的效果和质量。

(二)组织功能

体育教育管理的组织功能是指对体育教育工作进行组织安排和调度，以确保教育活动顺利进行。在体育教育管理中，组织功能主要涉及对教育资源的充分利用、师资队伍的合理配置、学生参与的组织安排以及场地设施的有效管理等。

组织功能要求充分利用教育资源，包括优质的体育场馆、设备、教材以及专业人才。管理者需要有效地对这些资源进行规划与合理配置，以实现资源的最大化利用。通过合理布局和调配，可以确保教育资源得到合理的分配与利用，从而提升体育教育的质量和效益。

组织功能要求对师资队伍进行合理配置与管理。教师是体育教育的主要承担者，其专业能力和素质直接影响学生的学习效果。因此，管理者需要根据实际需求，制订合理的师资队伍建设计划，如招聘、培训、考核、激励等方面的措施，以确保教师队伍的稳定和发展。

组织功能包括对学生参与体育活动的组织安排。管理者要根据学生的年龄、兴趣和能力等提供不同类型、不同难度的体育活动的机会，并制订相应的计划和安排。通过科学合理的组织安排，可以促进学生的全面发展，培养他们良好的身体素质和运动技能。

组织功能需要对场地设施进行有效的管理。体育场馆、器材等都是体育教育不可或缺的重要资源，对其进行科学管理可以提高场地设施的利用率和维护质量，以确保教育活动的正常进行。管理者需要制定相关管理制度，如场地的预约、使用和保养等方面的规定，以确保场地设施的长期可持续利用。

(三)控制功能

在体育教育管理中，控制功能是至关重要的。控制是指通过对各项活动的监督、检查和评估，确保体育教育实施的规范性和有效性。控制功能的实施可以帮助管理者及时发现和纠正问题，保证整个体育教育系统的顺利运作。

控制功能包括对体育教育课程内容的控制。通过对课程内容的规划和设计，管理者可以确保教学内容的科学性和系统性。他们需要根据教学目标和学生需求，制定合理的课程大纲，并对每个教学单元进行详细安排。管理者还需要设定评价体系，以便对教学进程进行监控和评估。只有在控制教学内容的基础上，才能够确保学生获得全面的体育教育。

控制功能也包括对师资力量的控制。在体育教育中，教师是至关重要的资源。管理者需要对教师进行招聘、培训和评估，确保教师具备专业知识和教学能力。管理者通过控制师资力量，可以提高教学质量，以确保学生得到优质的体育教育。

控制功能还包括对设施和资源的控制。体育教育需要适当的场地、器材和技术支持。管理者需要确保这些资源的充分供应，同时对其使用状况进行监控和管理。通过控制设施和资源，管理者可以提高教学效果，为学生创造更好的学习环境。

控制功能又涉及对学生行为和纪律的控制。管理者需要建立并执行严格的纪律规定，确保学生的行为符合规范。教师需要监督学生的学习态度、行为举止和参与情况，并采取相应的措施进行纠正和指导。通过对学生行为和纪律的控制，管理者可以提高教学秩序，维护教育环境的稳定。

（四）协调功能

协调功能在体育教育管理中具有至关重要的作用。协调功能指的是体育教育管理在实施过程中协调和平衡各项工作，以达到整体目标的能力。这一功能的实现要求管理者具备较高的沟通协调能力和决策能力，能够合理分配资源，协调各项工作的关系，使整个体育教育系统能够协同合作，达到最佳的效果。

协调功能要求管理者能够合理分配资源。体育教育管理涉及各种资源的调配，包括人力资源、物质资源、财务资源等。在体育教育管理的实施过程中，管理者需要根据实际需求和可行性进行资源分配和配置，确保资源的合理利用和优化。通过协调各个资源的关系，使资源的分配更加公平合理，为体育教育的顺利开展提供坚实的基础。

协调功能要求管理者能够协调各项工作的关系。在体育教育管理中，各项工作之间相互关联、相互作用。管理者需要通过协调各项工作的关系，确保各项工作的有序衔接，避免工作之间的冲突和重复。管理者还应该根据实际情况和需求，及时调整工作的优先级和顺序，确保体育教育管理的整体运行效果最大化。

协调功能要求管理者能够协同合作，实现整个体育教育系统的协同发展。体育教育管理涉及众多相关主体的合作与协调，包括学校、教师、学生、家长等。管理者需要搭建合理的沟通平台，促进各方的交流和合作，形成协同合作的氛围和机制。只有通过协同合作，体育教育管理才能够推动各个环节的有序衔接，实现整个体育教育系统的协调发展。

四、体育教育管理与相关学科的联系和区别

（一）与教育学的联系和区别

在探讨体育教育管理与教育学的联系和区别之前，我们首先需要明确体育教育管理的定义与内涵。体育教育管理是指对体育教育实施过程中的各个环节进行有效的组织、协调和监督，以达到促进学生身心发展的目标。它涉及课程设置、教学方法、教材教具的选择、学生评价和教师评估等方面。

与教育学相比，体育教育管理具有一定的联系和区别。体育教育管理是教育学的一部分，它是教育学在体育领域的具体应用和深化。体育教育管理在实践中强调对体育教育过程与结果的管理，关注于对学生身心发展的促进，致力于提供优质的体育教育服务。而教育学则是研究教育现象、规律、原理以及教育目标与价值的学科。

体育教育管理相对于教育学，在研究的对象和侧重点上存在一定差异。教育学注重研究整个教育系统和过程中的各个层面，如教育的宏观层面、微观层面和中观层面。而体育教育管理则注重体育教育领域的管理问题，强调对体育教育实践的组织、协调和监督。体育教育管理在实践中具有一定的局限性，只关注于体育教育的特定方面，而不是整个教育系统。

体育教育管理与教育学在方法上也存在一些不同。教育学倾向于运用各种研究方法，如实证研究、理论研究、案例研究等，以探究和揭示教育现象背后的规律和原理。而体育教育管理更加注重实践导向，强调理论与实践相结合，通过管理实践中的经验与教育理论相互印证、相互促进。

（二）与管理学的联系和区别

在体育教育中，管理学与体育教育管理有着紧密的联系。管理学作为一门独立的学科，研究组织与管理的原理、方法与技巧，为体育教育管理提供了理论支持和实践指导。体育教育管理与管理学有以下几个方面的联系和区别。

体育教育管理与管理学的联系在于有共同的研究对象。管理学关注的是各类组织和机构的管理问题，而体育教育管理则着眼于体育教育的组织与管理。体育教育管理的核心是优化体育教育的目标和过程，提高管理效能，使体育教育能够更好地服务于学生的全面发展。因此，体育教育管理与管理学都致力于对组织管理进行研究和实践，共同追求卓越的管理绩效。

体育教育管理与管理学的区别在于研究内容的特殊性。体育教育管理的对象是特定的体育教育组织，而管理学更侧重于广泛的组织管理。体育教育管理需要考虑教育场景的特殊性和学生的特点。因此，在管理方法和策略上会有所不同。管理学强调的是通用的管理原则和技巧，而体育教育管理则需要结合教育的特点和体育的特殊性，制定适合体育教育的管理模式。

体育教育管理与管理学的联系还表现在管理理论的借鉴和应用上。管理学为体育教育管理提供了丰富的管理理论和方法，如组织行为学、领导学、决策学等。体育教育管理通过借鉴这些管理理论和方法，探索出适合体育教育管理的实践路径。同时，体育教育管理的实践经验也为管理学提供了与实际场景相结合的研究案例，丰富了管理学的研究内容。

（三）与体育学的联系和区别

体育教育管理作为一门新兴的学科，既与体育学存在密切的联系，又有着一定的区别。下面将通过对体育教育管理与体育学之间的联系和区别进行探讨，以进一步明确体育教育管理的特点和功能。

体育教育管理与体育学之间的联系在于两者都关注体育活动以及体育教育的领域。体育学研究体育运动的规律、原理以及训练方法，而体育教育管理则更关注如何通过体育教育来培养学生的身体素质、运动技能以及心理素质。因此，体育教育管理可以借鉴体育学的理论和方法，来支持和指导体育教育实践。

体育教育管理与体育学的区别在于侧重点的不同。体育学注重对运动本质的研究，包括体育活动的规律、技能的培养等；而体育教育管理则更加注重对教育的管理与组织，如对教师的培训、课程设置的规划、教学资源的调配等。从这个角度来看，体育教育管理在一定程度上是体育学的应用与延伸，通过管理来推动体育教育的发展。

体育教育管理还与体育学的学科方法相互交织。体育学的学科方法主要侧重于实证研究、实践经验的总结和相关理论的构建，通过观察、实验、调查等方式来获取和分析相关数据以支持理论的发展。而体育教育管理则要借鉴管理学的理论和方法，通过制订计划、组织实施、监督评估等手段来实现对体育教育的有效管理。

第二节　体育教育管理的目标与任务

一、体育教育管理目标的制定与实现

（一）目标的制定方法

在体育教育管理中，为了实现明确的目标，制定合理的目标方法至关重要。以下是三种常见的目标制定方法。

1. 明确目标的层次结构

“明确”是指要使目标具体、清晰、可操作性强。在制定目标时，可以采用层次化的结构，即从总体目标开始，逐步细化为具体的子目标。例如，总体目标可以是提高学生的体育素养，然后进一步细化为提高学生的体育技能、培养体育兴趣等子目标。这种层次结构的制定方法可以确保目标之间的逻辑关系和层次关系清晰可见，有助于实现目标的分步完成。

2. 根据目标的可测量性制定

目标的可测量性是指目标能够通过明确的指标进行量化和评估的特点。在制定目标时，需要明确衡量目标完成情况的指标和标准。例如，如果目标是提高学生的体育成绩，可以明确衡量指标为学生的体育测评成绩提升百分比。通过明

确可测量的目标，可以更加具体地评估目标的实现情况，从而更有针对性地进行管理和调整。

3.参考相关研究和实践经验制定

在制定目标时，可以借鉴已有研究和实践的经验，尤其是成功案例。通过了解和分析已有的体育教育管理目标制定的实践，可以获取宝贵的经验和教训，从而更好地制定自己的目标方法。这种方法有助于避免一些常见的错误和盲目性，在制定目标时能够更加科学、有效。

(二)目标的实现策略

目标的制定是为了指导体育教育管理工作的开展，而目标的实现则是关乎体育教育管理的有效性和成效。在目标的实现过程中，需要采取一系列策略，以确保目标能够得到有效的落实和达成。

1.明确责任与角色

在实现目标的过程中，必须明确各自的职责和角色，确保每个人都清楚自己的任务和责任。管理者要明确自己的指导作用，教师要明确自己的教学任务，学生要明确自己的学习目标。只有明确了责任和角色，各方才能有序合作，共同努力实现目标。

2.采取科学的管理方法

目标的实现需要制定科学合理的管理策略。管理者要根据具体情况，采取符合体育教育特点的管理方法，如制订详细的教学计划和进度安排，加强教学资源配置，完善教育评估体系等。同时，要善于激发学生的学习兴趣和潜能，采用多种教学手段，提高教学效果。

3.加强沟通与协作

在目标的实现过程中，沟通和协作是至关重要的。管理者要与教师、学生以及其他相关人员进行密切的沟通与交流，及时了解进展情况，解决问题和困难。同时，要鼓励教师和学生之间的互动与合作，培养学生的团队意识和合作能力，共同为实现目标而努力。

4. 持续监测与调整

目标的实现是一个动态的过程，需要不断监测和调整。管理者要及时收集数据和反馈信息，对目标的实现进行评估和分析，发现问题和需改进之处，并及时进行调整和改进。通过持续监测和调整，能够确保目标的实现运行在正确的轨道上。

（三）目标实现的评估与反馈

目标的实现并非是一蹴而就的，而是需要经过评估与反馈的过程。在体育教育管理中，对于目标的评估和反馈尤为重要，它能够及时了解目标的实现情况，发现问题并提出改进措施。

评估目标的实现需要建立科学的评估体系，包括确定评估指标、建立评估方法和制定评估流程。评估指标应当与目标相匹配，能够客观、全面地反映目标的达成情况。评估方法应当灵活多样，既可以采用定量评估方法，如问卷调查、统计分析，也可以运用定性评估方法，如访谈和观察。评估流程应当明确，包括数据收集、分析、总结和报告等环节。

评估目标的实现需要充分收集和分析相关数据。数据是评估的依据和支撑，通过对学生的考核成绩、参与体育活动的情况、体育教师的教学评价等数据的收集，可以对目标的实现情况进行客观分析。同时，还可以通过问卷调查、访谈等方式，了解学生对体育教育管理的满意度、意见和建议，进一步掌握目标实现的效果和问题。

然后，在评估的基础上进行反馈和改进。评估的最终目的是发现问题和提出改进措施，进一步促进目标的实现。根据评估结果，对于目标实现不足的地方，可以有针对性地开展改善工作，具体包括加强对学生的指导和辅导，优化教学方法和资源配置，提升体育教师的教学水平等。同时，也要重视满意度、意见和建议的反馈，积极倾听学生的声音，对于存在的问题及时作出回应和改进。

评估与反馈是一个循环的过程，需要不断地进行。体育教育管理的目标是动态的，需要随时根据实际情况进行评估和调整。通过不断地评估与反馈，可以不断优化体育教育管理目标的制定与实现过程，提高目标的质量和效果。

二、体育教育管理的主要任务与内容

(一)管理任务的确定与分解

在体育教育管理中,管理任务的确定与分解是实现管理目标的重要环节。需要明确各项管理任务的具体内容和要求。通过分析体育教育的实际需求,确定适切的管理任务,以确保体育教育活动能够顺利进行,如教师的组织与指导、学生的评估与考核、设备与场地的安排等。

管理任务需要细化为具体的责任与工作分工。针对不同的管理任务,确定相应的责任人,明确他们的职责和权限。例如,教师需要负责具体教学计划的制订和实施,学生需要按时完成作业和参加课堂活动。在团队合作中,还需要明确各个成员的工作任务,实现优势互补,共同推进管理任务的完成。

在确定和分解管理任务时,需考虑任务的紧迫性和重要性以及资源的合理配置。不同的管理任务之间有着协同关系,任务的完成需要依赖于资源的支持和协调。因此,在确定任务的同时,需要充分考虑资源的安排和利用,如人力、物力、财力等资源的配置,以保证管理任务的高效完成。

值得注意的是,管理任务的确定与分解并不是一次性的过程。随着体育教育的发展和变革,管理任务也需要不断调整和完善。保持对外部环境、内部需求的敏感性,根据实际情况及时调整任务的目标和内容,以适应不断变化的体育教育环境。

(二)管理内容的设计与构建

在体育教育管理中,管理内容的设计与构建具有至关重要的作用。管理内容的合理设计和科学构建,能够有效地帮助学校或机构实现其体育教育管理的目标。

管理内容的设计应该充分考虑到体育教育的特点和需求。体育教育注重学生的身心健康发展,培养学生的体育兴趣和习惯,促进他们形成良好的体育锻炼习惯。因此,管理内容的设计应注重培养学生对体育运动的兴趣和热爱,同时注重规范学生的体育行为和提高他们的体育技能水平。管理内容还应关注体育教育的整体性,不仅要注重课堂教学,还要关注学校体育设施的建设与管理以及学生参加校际体育比赛和社会体育活动等。

管理内容的构建需要与管理任务的确定紧密结合。管理任务的确定是基于学校或机构对体育教育的发展目标和需求进行分析与评估得出的。在此基础上，管理内容应当明确具体的实施措施和方法以及评估和监督的机制。具体而言，管理内容的构建应包括对体育教育课程的设计和开展、教师队伍的建设、学生体质测试和健康档案管理、体育设施的维护与利用等方面。

同时，管理内容的设计与构建还应该注重与不同层次的体育教育管理目标相协调。在学校体育教育管理中，管理目标多层次、多元化。而管理内容的设计与构建应与这些目标一一对应，并且相互协调。例如，在促进学生身心健康发展的管理目标下，管理内容可以涉及饮食与营养指导、体育健康知识的普及、体育锻炼方式的指导等方面。

在管理内容的设计与构建过程中，需要综合考虑多个因素，充分调动相关人员和资源的积极性，确保管理内容的有效实施。只有通过科学的设计和合理的构建，才能更好地实现体育教育管理的目标，提高学生的体育素养和健康水平。

（三）任务与内容的协调和优化

在体育教育管理中，任务与内容的协调和优化是非常关键的。通过有效的协调与优化，可以提高体育教育的效果，达到更好的管理目标。下面将重点讨论任务与内容的协调和优化的方法与策略。

任务与内容的协调可以通过合理的规划和安排来实现。具体而言，管理者可以根据学校的实际情况和教育目标，制定具体的管理任务，并将其分解为可操作的小任务。这样一来，教师和学生可以更清晰地了解自己的责任和任务，从而更有效地协调行动和资源。

协调任务与内容还需要注重教学方法和教材的优化。体育教育的内容包括理论知识和实践技能两个方面，管理者可以通过优化教学方法，采用多元化的教学手段，激发学生的学习兴趣和积极性。选择合适且质量好的教材也是非常重要的，教材的内容应当与任务相匹配，并能够满足学生的需求。

任务与内容的协调还需要充分考虑学生的个体差异。每个学生都有不同的特点和潜能，管理者需要根据学生的特点和需求，合理调整任务和内容，以满足每个学生的学习需求和发展潜能。这就要求管理者具备良好的观察力和辨别力，能够准确地了解学生的发展情况，并根据实际情况进行灵活调整。

对任务与内容进行评估和反馈是协调与优化的必要环节。管理者应定期对教学任务和内容进行评估，了解教育效果和学生的学习情况。同时，及时给予学生反馈，帮助他们发现自己存在的不足并加以改进。通过评估和反馈，不断优化任务与内容，进一步提高体育教育管理的效果。

三、不同层次体育教育管理的目标与任务

（一）基层体育教育管理的目标与任务

基层体育教育管理作为整个体育教育管理体系中的基础，起着至关重要的作用。其目标主要体现在以下方面。

第一，培养学生的体育兴趣和习惯。基层体育教育管理的目标之一是激发学生对体育的兴趣，通过各种体育活动和课程安排，让学生能够享受运动的乐趣，养成积极参与体育活动的习惯。这将为学生日后继续参加体育锻炼和保持健康的生活方式奠定坚实的基础。

第二，促进学生的身体素质和体育素养的全面发展。基层体育教育管理的目标包括提升学生的身体素质水平和培养他们的体育素养。在基层体育教育管理中，我们需要制订合理的体育训练计划和活动安排，注重培养学生的基本动作技能、协调能力、柔韧性和耐力等的发展。同时，通过体育课程的设置和体育活动的组织，培养学生的体育意识和体育文化素养。

第三，培养学生的团队合作和组织领导能力。基层体育教育管理的另一个重要目标是培养学生的团队合作意识和领导能力。通过体育课程和团队性体育活动，我们可以帮助学生学会与他人合作、协调和共同努力，培养他们的集体荣誉感和团队责任感。基层体育教育管理也应该关注学生领导能力的培养，通过一些组织性活动和角色扮演等方式，让学生有机会锻炼并发展自己的领导潜力。

在实现上述目标的同时，基层体育教育管理也面临着一些具体的任务。例如，建立健全的体育课程体系，制订合理的学校体育活动计划，加强对体育教师和教练员的培训和管理，营造良好的体育教育氛围等。基层体育教育管理还需要和其他层次的体育教育管理目标和任务进行协同与整合，确保整个体育教育管理体系的协调运行。只有通过这些具体任务的有效履行，基层体育教育管理的目标才能得以实现。

(二)中层体育教育管理的目标与任务

中层体育教育管理在整个体育教育管理体系中起着关键性的作用。它负责协调基层和高层之间的工作,并承担着搭建沟通桥梁的责任。中层体育教育管理目标的制定与实现是确保基层和高层体育教育管理目标顺利实施的重要环节。

中层体育教育管理的目标之一是加强运动员的选拔和培养工作。通过建立有效的选拔机制和培养计划,中层管理机构能够发现和培养出更多的优秀运动员,为国家和地区的体育发展贡献人才。

中层体育教育管理包括提升教练队伍建设和管理水平。中层管理机构要重视教练员的培训和发展,加强他们的专业素养和职业道德建设。中层管理机构还负责营造良好的教练员工作环境,提供必要的支持和资源,让教练员能够发挥出最佳水平。

中层体育教育管理要关注青少年体育教育的推进。中层管理机构要加强与学校、社区等相关部门的合作,共同促进青少年体育的开展。通过开展各种形式的体育活动和赛事,营造良好的体育氛围,激发青少年的兴趣和热爱,培养他们的体育素养和健康意识。

中层体育教育管理需要加强对基层工作的指导和监督。中层管理机构要定期组织检查和评估基层体育教育的工作情况,发现问题并及时提供指导和支持。同时,中层管理机构还要加强对基层队伍的培训,提高他们的管理水平和专业能力。

(三)高层体育教育管理的目标与任务

高层体育教育管理作为整个体育教育管理体系中的重要组成部分,其目标和任务与其他层次有所不同。在制定高层体育教育管理的目标时,需要充分考虑到国家体育政策和社会发展需求,以提升国家体育事业的发展水平和体育人才的培养质量为主要目标。同时,高层体育教育管理也要紧密关注学校和教师的需求,以实现教育教学工作的高质量发展。

高层体育教育管理的目标之一是加强体育人才培养和选拔工作。在这个层次上,我们要注重培养学生的专业素质和竞技水平,通过科学的选拔机制,挖掘和培养体育人才,为国家体育队伍的建设提供有力支持。还要注重发展学生的综合素质，培养他们的团队协作意识和领导能力，为他们未来的发展奠定坚实的基础。

高层体育教育管理的任务之一是推动体育教育的研究与创新。研究和创新是提升体育教育水平的核心驱动力。在这个层次上，高层体育教育管理者要加强与各大学科研机构的合作，推动体育教学理论与实践的结合，深入研究体育教育的规律和方法，为体育教学质量的提升提供科学依据。要鼓励教师进行教学方法的创新和优化，推动体育教育的改革和发展。

高层体育教育管理的任务包括确保体育教育资源的合理配置和有效利用。合理配置体育教育资源，如学校的体育设施、师资队伍和教学用书等，是提升体育教育质量的基础之一。高层体育教育管理者要根据学校实际情况和需求，制定合理的资源配置方案，并加强对资源使用情况的监督和评估，确保资源的有效利用和优质教育资源的公平分配。

（四）各层次管理目标与任务的协同和整合

在体育教育管理的实践中，不同层次的管理目标与任务必须实现协同和整合，以确保体育教育的有效实施和发展。在基层、中层和高层的管理层面上，各自具备独特的目标和任务，但它们之间存在密切的联系。只有通过协同与整合，我们才能更好地推动体育教育事业的发展。

基层体育教育管理的目标是培养学生的体育兴趣和基本运动技能，提供广泛而全面的体育活动机会。基层体育教育管理的主要任务包括制订适应基层学生特点的教学计划和课程设置，完善体育设施和器材，提供专业的教练和指导员的培训，以及组织多样化的体育活动。基层体育教育管理的重点在于培养学生的体育兴趣和基本技能，为他们的体魄打下健康的基础。

中层体育教育管理的目标是提升学生的体育水平和竞技能力，承担着培养优秀体育人才的重要任务。中层体育教育管理的主要任务包括制订体育训练计划和竞赛安排，选拔和培养优秀运动员，加强体育科研和教学，以提高学生的竞技水平和科学素养。中层体育教育管理在培养优秀体育人才方面具备重要作用，为他们提供专业化的训练和竞赛机会，以促进他们的个人成长和发展。

高层体育教育管理的目标是推动整个体育教育事业的发展和提升，具备着顶层设计和决策的责任。高层体育教育管理的主要任务包括制定体育教育政策和规划，加强对资源的整合和配置，组织体育教育评估和监督，以及推动体育教育改革和创新。高层体育教育管理在整个体育教育体系中起着决策和引领的作用，权衡各方利益，提供发展方向和指导。

第三节　体育教育管理的原则与方法

一、体育教育管理的基本原则

（一）体育教育的目的和任务

体育教育作为一种特殊形式的教育，具有独特的目的和任务。其目的在于培养学生身体健康、智力和心理素质的全面发展。同时，体育教育也承担着培养学生团队协作精神、培养学生竞争意识和培养学生人际交往能力等任务。

体育教育的目的在于培养学生身体健康。身体是人们行动的基础，一个健康的身体不仅能够带来良好的生活体验，还能够提高学习和工作的效率。通过体育教育的锻炼，学生的身体素质得以全面提升，如耐力、灵敏度、柔韧性等都会有所提升，从而保证学生能够拥有一个健康的体魄。

体育教育的目的在于智力发展。体育锻炼不仅能够锻炼身体，还能够促进大脑的发育和智力的提高。通过不同形式的体育活动，学生的观察力、思维能力、判断力等智力素质都会得到锻炼和提升。运动能够激发学生思维的活跃，提高学生的学习兴趣和动力。

体育教育的目的还在于提高学生的心理素质。在日常的体育活动中，学生会面临各种情绪的体验，如兴奋、紧张、挫折等。通过这些体验，学生能够逐渐发展出稳定的情感状态和良好的心理调适能力。体育活动也能够培养学生的意志品质，激发学生面对挑战的勇气和决心。

（二）体育教育的基本原则

体育教育作为一种特殊的教育形式，具有独特的特点和要求。为了确保体育教育的有效性和可持续发展，制定一系列的基本原则是必不可少的。下面将介绍体育教育的基本原则，以便指导体育教育管理工作的开展。

1. 适宜性

体育教育应根据学生的年龄、身体状况、兴趣爱好和发展水平等因素，确保体育教育内容和方法的合理性与适应性。这意味着不同年龄段和不同学生群体的体育教育需求和接受能力是不同的，教师应该了解学生的差异，制订相应的体育教育计划，确保每个学生都能够获得适合自己的体育锻炼和教育。

2.循序渐进

体育教育应按照一定的教学顺序和步骤，逐渐引导学生掌握和提高各项体育技能。通过循序渐进的教学方法，学生可以逐步建立自信心，提高技能水平，从而取得更好的教育效果。教师应该制订详细的教学计划和课程安排，确保教学过程有序进行。

3.个体化原则

每个学生都有自己独特的体育发展潜力，教师应根据每个学生的特点和需求，提供个性化的教育服务。个体化的体育教育可以更好地满足学生的需求，激发他们的学习兴趣和积极性，从而更好地促进他们身心健康的发展。

4.合理安排比赛和训练时间

对于学生来说，适当参与比赛和训练活动是提高技能水平和锻炼意志品质的重要途径。但是过多的比赛和训练活动可能会给学生带来压力和负担，甚至会影响他们的身心健康。因此，教师应该合理安排比赛和训练时间，以确保学生能够享受体育的乐趣，同时保护他们的身心健康。

（三）体育教育的价值观

体育教育作为培养学生综合素质和促进身心健康的重要手段，其内在价值体现着教育的目标和追求。体育教育的价值观在培养学生的思想品德、人文素养、身体素质等多个方面发挥着重要作用。具体而言，体育教育的价值观主要体现在以下四个方面。

第一，体育教育的价值观强调全面发展。体育教育应当注重学生的个体差异和全面发展的需求。每个学生都是独特的个体，在身体素质、兴趣爱好、运动能力等方面存在差异。因此，体育教育应当充分尊重学生的个体差异，不将所有学生都纳入相同的标准和要求中，而是为每个学生提供适合其需求和发展的教育环境与机会。

第二，体育教育的价值观注重合作与竞争的平衡。体育教育既要培养学生的合作精神，又要培养他们的竞争意识和能力。在团队活动中，学生需要通过合作与协作来完成任务，培养团队精神和集体荣誉感；而在个人活动中，学生需要展示个人能力和成绩，培养个人竞争意识和自我提高的动力。体育教育中的合作与竞争应该相辅相成、和谐共存，既注重团体活动的培养，又注重个体的发展。

第三，体育教育的价值观强调道德与规范的培养。体育教育不仅要求学生具备良好的运动技能和身体素质，更要求他们在体育活动中遵守规则、尊重他人、团结合作等。体育教育可以通过赛事、训练和课堂活动等形式塑造学生的道德观念和行为准则，引导学生树立正确的竞技精神和体育精神。

第四，体育教育的价值观关注身心健康的综合发展。体育教育不仅关注学生的身体健康，更关注心理健康和社交健康的综合发展。通过体育活动，学生能够愉悦身心，释放压力，增强自信和自尊心。体育教育应当通过科学合理的计划和策略，提供丰富多样的运动项目和方式，满足学生多元化的身心需求。

二、体育教育管理的方法

(一)体育教育管理的组织方法

在体育教育的管理过程中，组织方法是非常重要的一环。在体育教育管理中，合理的组织方法可以有效提高管理的效率，并确保教育活动的顺利开展。下面将介绍体育教育管理的组织方法，包括目标设定、计划制订和资源配置等方面。

1. 目标设定

在体育教育管理中，明确的目标对于指导教育工作的开展至关重要。管理者在制定教育目标时，要结合学校的实际情况和学生的需求，确保目标既具有可行性又能够推动学生的全面发展。设定明确的目标能够帮助管理者明确工作的方向，为后续的计划制订提供支持。

2. 计划制订

在制订教育计划时，管理者应该充分考虑体育课程的内容和学生的特点以及学校的资源条件等因素。合理的计划制订能够帮助管理者合理安排教学活动的顺序，确保教育资源的充分利用和教学任务的完成。计划制订还需要注意灵活性，适时调整计划，以满足教育工作的实际需要。

3.资源配置

在体育教育管理的过程中，合理配置教育资源对于保障教学质量和实现教育目标至关重要。资源包括场地设施、教材教具、人力等方面的支持。在进行资源配置时，管理者应根据教育目标和实际需要，合理安排资源的使用，并确保资源的有效利用。管理者还应注重资源的更新和维护，以提高资源的可持续利用。

(二)体育教育管理的教学方法

在体育教育管理中，教学方法是至关重要的。通过科学有效的教学方法，可以提高学生的学习效果和教学质量。在体育教育管理的教学方法中，我们可以采用以下四种方式。

第一，在体育教育管理的教学过程中，我们可以采用多样化的教学方法。例如，借助集体活动、体育比赛、实战演练等形式，激发学生的学习兴趣，增强他们的参与度和团队合作意识。通过多样化的教学方法，可以培养学生的身体素质、运动技能和协调能力，同时也能够提高他们的团队协作能力和领导才能。

第二，体育教育管理的教学方法可以与现代科技手段相结合。随着科技的不断发展，我们可以利用多媒体教学、虚拟实境技术、在线学习等工具，将信息科技与体育教育相结合，创造更为丰富多样的教学环境。通过利用计算机软件、交互式教学设备等，可以提供更加直观、生动、实践性强的教学内容，给学生带来更好的学习体验，从而提高他们的学习效果和学习热情。

第三，在体育教育管理的教学方法中，我们要注重个体化的教学。每个学生的学习特点和能力都有所不同，因此我们需要针对学生的个体差异，采用灵活的教学方法。例如，可以在教学过程中给予学生足够的自主选择权，让他们根据自身兴趣和能力进行学习内容的选择和安排。同时，还可以通过个别辅导、小组讨论等方式，针对学生的具体问题进行有针对性的指导，帮助他们解决困惑，提高学习效果。

第四，体育教育管理的教学方法需要注重课程的设计和教学资源的充分利用。在设计教学课程时，需要考虑到学生的学习目标、年龄特点、兴趣爱好等因素，合理安排教学内容和教学步骤。同时，在教学过程中，可以充分利用图书馆资源、实验室设备等教育资源，为学生提供更为丰富的学习材料和实践机会，提高他们的学习积极性和主动性。

(三)体育教育管理的评估方法

体育教育管理的评估方法是对体育教育管理效果进行客观、科学评价的重要手段。评估的目的是为了了解体育教育管理的实施情况，评估结果可以提供决策支持和改进管理的依据。在评估体育教育管理的过程中，我们可以采用以下四种方法。

1. 定量评估方法

定量评估方法主要通过量化指标和数据进行评估，以确保评估结果的客观性和准确性。这种方法可以通过学生参与体育活动的频率、体育课程的教学质量、学生身体素质的提高等指标来衡量体育教育管理的效果。我们可以使用问卷调查、实际观察和测量等方法收集相关数据，进行统计分析，并得出评估结果。

2. 质性评估方法

质性评估方法强调对体育教育管理背后的过程和体验进行深入了解，通过对学生、教师、家长等相关参与者的意见和反馈进行评估。我们可以采用访谈、焦点小组讨论、观察和案例分析等方法，获取有关体育教育管理的质性数据，从而获得对管理效果的详细描述和评价。

3. 案例研究方法

通过对特定案例进行深入调查和研究，可以获取对体育教育管理的具体过程和策略的理解。这种方法可以选择一些典型的体育教育管理实践案例，通过对相关参与者的采访和文献资料的收集，深入分析案例中的问题、挑战和成功经验，从而总结出具有普遍意义的评估指标和方法。

4. 综合评估方法

综合评估方法是将多种评估方法结合起来，相互印证和补充，以全面评估体育教育管理的效果。我们可以根据具体的评估目的和需求，选择合适的定量和质性评估方法，并结合案例研究等方法，综合分析评估结果。这样可以提高评估的全面性和准确性，为体育教育管理的改进提供更有针对性的建议。

三、体育教育管理的策略

（一）体育教育管理的战略策略

在体育教育管理中，战略策略是制定和实施长期目标与方向的重要手段。体育教育管理的战略策略旨在确保教育机构能够在不同的环境和条件下，实现其发展和目标。

体育教育管理的战略策略需要明确学校或机构的使命和愿景，这是制定战略目标和方向的基础。学校或机构应该明确教育的目标，为学生成为积极、健康的个体提供支持和指导，并为他们的全面发展创造条件。

第一，体育教育管理的战略策略需要考虑外部环境的变化。教育机构应该密切关注社会、经济、文化等方面的变化，以适应不断变化的需求。这可以通过与利益相关者的合作来实现，如与政府部门、教育机构、企业等建立合作关系，共同制订和实施战略计划。

第二，体育教育管理的战略策略需要定期评估和调整。战略策略应该是一个动态过程，需要不断评估其有效性，并根据评估结果进行适当调整。这样可以通过收集和分析相关数据来实现，如学生参与体育活动的比例、学生身体素质的改善情况等。

第三，体育教育管理的战略策略需要关注资源的合理配置。在制订战略计划时，教育机构需要考虑资源的可行性和可用性，如教育设施、教育师资、教育资金等资源。通过合理配置和管理资源，可以更好地支持学生的体育教育发展。

体育教育管理的战略策略需要加强与家长和社区的合作。家长和社区在学生的体育教育中发挥着重要作用。教育机构可以通过与家长和社区的合作，共同关注学生的体育发展，共同制订和实施战略计划。

（二）体育教育管理的技术策略

在体育教育管理中，通过科技的应用和创新，可以更好地提高体育教育的质量和效果。下面主要介绍几项体育教育管理中常用的技术策略。

第一，教育技术的运用是体育教育管理中不可或缺的一项策略。借助现代化的教学工具和设备，教师可以创造出更具吸引力和趣味性的体育教育环境。例如，利用投影或视频展示技术，可以向学生展示不同体育项目的操作技巧和比赛的精彩瞬间，激发学生对体育的兴趣和热情。还可以采用虚拟现实技术，让学生身临其境地参与到各种体育活动中，提高他们的参与度和学习效果。

第二，互联网和信息技术的应用是体育教育管理中的重要策略。通过建立体育教育平台和网络资源库，教师可以方便地分享教学资源、教学经验和教学计划。学生可以通过在线学习平台进行自主学习和互动，提高他们的学习效率和学习兴趣。教师还可以利用网络技术进行学生的学习评估和成绩统计，及时了解学生的学习情况并进行有针对性的管理。网络交流平台还可以促进教师之间的合作和交流，共同提高体育教育的质量和水平。

第三，人工智能技术的运用对于体育教育管理有着积极的影响。人工智能可以辅助教师进行精准的学生评估和学习情况分析，并根据学生的个体特点给出个性化的学习指导和建议。人工智能技术还可以模拟不同体育项目中的运动技巧和比赛情境，给学生提供实践和练习的机会，提高他们的技术能力和竞技水平。

（三）体育教育管理的人力资源策略

在体育教育管理中，为了有效地组织、管理和支持体育教育工作，必须合理地配置和利用人力资源，并制定相应的策略来吸引、培养和留住人才。

体育教育管理需要建立健全的人才引进机制。通过与相关高校、研究机构等建立合作关系，积极吸引和引进专业的体育教育管理人才。采取优厚的薪资待遇、激励措施和培训机会，吸引更多的人才投身于体育教育管理领域。制定科学的招聘和选拔程序，确保选聘到适合岗位的人才。

体育教育管理需要注重人才培养和能力提升。通过建立完善的培训体系和职业发展通道，提供持续的培训和学习机会，提高管理人员的专业素养和管理能力。鼓励管理人员参与学术研究和教育实践，不断拓展专业视野和理论水平。通过人才培养和提升，体育教育管理可以更好地适应不断变化的教育需求和管理环境。

体育教育管理需要建立公平、公正的激励和评价机制。通过制定合理的绩效考核标准和奖惩机制，激励管理人员积极工作、提高工作质量和效率。建立透明的晋升制度和职业发展通道，使管理人员能够看到自己的发展方向和机会，增强工作的动力和归属感。

体育教育管理需要注重人力资源的合理配置和流动。通过科学而合理地安排人力资源，实现管理岗位职责的分工和协调。同时，鼓励管理人员之间的交流与合作，促进经验和资源的共享。人力资源的流动性十分重要，可以通过轮岗、交流等方式，使管理人员能够锻炼和提升自己的能力，同时提高管理的灵活性和适应性。

（四）体育教育管理的财务策略

在体育教育管理中，有效的财务策略可以帮助体育教育机构合理管理和使用资金，以确保经费的充足并提高资源的利用效率。下面主要讨论预算管理、财务监控和资金筹措等财务策略。

1.预算管理

预算管理是体育教育管理的核心。通过制订详细的预算计划，体育教育机构可以合理规划和分配经费，确保各项活动和项目的顺利开展。预算应考虑到各方面的需求，如员工工资、培训费用、器材购置等，并注重预算的合理性和可行性。及时进行预算调整和监督是保证财务管理活动有效进行的重要手段。

2.财务监控

财务监控是确保财务策略实施和资金使用的关键环节。体育教育机构应建立健全的财务监控机制，定期评估和分析经济状况、资金流动和预算执行情况。通过及时获取反馈信息，机构可以发现问题并采取相应措施，确保财务管理的透明度和规范性。加强内部控制和风险管理也是财务监控的重要内容。

3.资金筹措

资金筹措是保证体育教育管理的可持续发展的关键环节。体育教育机构需要积极探索多元化的资金来源，如政府拨款、社会捐赠、赞助等。机构还应积极参与项目申报和合作，争取更多的经费支持。提高资金的利用效率也是重要的策略之一，机构应注重经费的优化配置，确保资源的最大化利用。

四、体育教育管理的过程与步骤

(一)体育教育管理的规划过程

在体育教育管理中,通过合理的规划,可以确保体育教育的目标明确、资源有效利用、工作有序进行。在规划过程中,以下四个步骤尤为重要。

1.明确体育教育的愿景和使命

体育教育的愿景是对未来理想状态的描述,而使命则是实现愿景所需的核心职责。明确体育教育的愿景和使命,是规划的基础。通过深入分析自身的定位和目标,可以为后续的规划提供明确的方向。

2.制定具体的目标和策略

目标是规划的具体要求和预期结果,而策略则是实现目标的方法和途径。在制定目标时,需要根据体育教育的特点和需求,明确所追求的成果和变化。同时,在制定策略时,需要考虑到资源的可行性和教育的可持续性,确保策略的有效性和可操作性。

3.进行资源评估和分配

资源评估是对体育教育所需资源进行识别和评估,如学校的场地设施、师资力量、经费投入等。在评估的基础上,需要进行资源的合理分配,确保资源的优化配置和合理利用。资源评估和分配是规划过程中的关键环节,直接影响到后续的执行和效果。

4.建立绩效评估和监控机制

绩效评估和监控是对体育教育管理过程的跟踪和评估,目的是了解规划的实施情况和效果,并及时调整和改进。通过建立科学的评估和监控机制,可以及时发现问题和短板,并采取相应的措施进行改进和提升。

(二)体育教育管理的执行过程

体育教育管理的执行过程是将管理策略和规划付诸实践的阶段。在这个过程中,管理者需要动员和指导相关人员,确保管理目标的顺利实现。在体育教育管理的执行过程中,以下四个要素是至关重要的。

1.明确责任与权利的分配

在体育教育管理的执行过程中,管理者必须清楚地将责任和权利分配给相应的人员。这样做可以确保每个人都知道自己的任务和职责,避免任务重叠或责任不明情况的发生。合理的责任与权利分配还可以激发员工的工作热情和积极性,从而提升管理执行的效果。

2.建立有效的沟通渠道

在体育教育管理的执行过程中,管理者必须与下属、合作伙伴、学生和家长等各方进行及时、准确的沟通。通过明确的沟通渠道,管理者可以及时传递重要信息,解答疑问,收集反馈意见,并及时调整管理策略。有效的沟通有利于改善信息流动,增强团队合作氛围,提高管理执行的效率和效果。

3.建立科学的绩效评估机制

在体育教育管理的执行过程中,管理者需要建立科学、公正的绩效评估机制。通过定期评估和反馈,管理者可以了解各项工作的进展情况,从中发现问题和不足,并采取相应的措施进行纠正和改进。科学的绩效评估不仅可以提高管理者的决策能力和管理水平,也可以调动员工的积极性,推动体育教育管理的不断优化和提升。

4.持续的改进和创新

管理者应时刻关注行业的动态和最新的管理理念,不断学习和研究,掌握最新的管理方法和技巧。通过不断改进和创新,管理者可以提高工作效率,优化管理流程,增强组织的竞争力。

(三)体育教育管理的监控与反馈过程

体育教育管理的监控与反馈过程对于确保教育目标的实现和教学质量的提高至关重要。在这个过程中,监控和反馈被视为有效的手段,用以评估、调整和改进体育教育管理的效果。下面将介绍体育教育管理的监控与反馈过程的基本原理和策略。

在体育教育管理的监控与反馈过程中，关键是确保收集准确、全面的数据和信息。这些数据和信息包括学生的学习成绩、参与程度、体能素质测试结果，以及教师的教学记录和评价等。同时，还可以通过观察和访谈等方式获取与体育教育管理相关的定性数据。通过收集这些数据和信息，可以全面了解体育教育管理的实施情况和效果。

在收集和分析数据与信息之后，需要对教育管理的效果进行评估。评估可以包括对学生综合素质的评价、对教学过程的评估，以及对教师和学生的反馈等。评估可以帮助管理者和教师了解体育教育管理的优点和不足之处，为改进和提高教育管理提供依据。

然后，在评估的基础上，应当进行反馈和调整。反馈包括对管理者、教师和学生的反馈，以及对教育管理策略和方法的反馈。通过反馈，可以发现问题、解决问题，从而改进管理策略和方法，提高教育管理的效果。同时，还可以通过反馈来激发教师和学生的积极性和主动性，从而推动教育目标的实现。

在进行反馈和调整之后，需要对整个监控与反馈过程进行总结和反思。在总结的过程中可以归纳出体育教育管理的优点和不足，并提出改进和发展的建议。在反思的过程中可以明确管理者、教师和学生的行为和决策是否符合管理目标和教育策略，并提出相应的改进措施。

五、体育教育管理效果评估

（一）效果评估的标准与方法

在体育教育管理中，效果评估是一项非常重要的工作。通过评估体育教育的效果，可以及时了解教育管理的成果，为改进工作提供科学依据。那么，在进行效果评估时，我们应采用以下标准和方法。

第一，采用定性和定量相结合的方法来评估体育教育的效果。定性方法可以从学生的态度、意识、行为等方面进行评估，可以通过问卷调查、访谈等方式获取相关信息。定量方法可以通过测验、测试、观察等手段来获取客观的数据，如学生成绩、体能测试结果等。这样一来，我们可以全面地了解体育教育的效果。

第二，结合体育教育的目标和要求，确定合适的评估标准。体育教育的目标可能包括培养学生的运动技能、提高身体素质、增强团队合作能力等。因此，在进行效果评估时，我们应该根据这些目标来选择评估标准。例如，在评估运动技能方面，可以考查学生掌握的基本动作技巧和运动能力；在评估身体素质方面，可以通过测试学生的身体各项指标，如柔韧性、力量、耐力等；在评估团队合作能力方面，可以观察学生在团队活动中的表现和互动情况。根据具体目标，我们可以制定具体评估标准，以确保评估的准确性和可信度。

第三，考虑评估的主体和客体。评估主体通常是教师、学生以及其他相关人员，通过观察、记录、填写评估表等方式参与评估工作。评估客体则是指被评估的体育教育项目、课程、活动等。在评估时，我们需要确保评估的对象明确，评估的内容具体，以便能够有针对性地进行评估和分析。

第四，全面考虑评估结果的可靠性和有效性。评估结果的可靠性指评估工具和方法应该具有较高的信度和稳定性，能够得出一致的评估结果。评估结果的有效性则要求评估工具和方法能够真实反映体育教育的实际情况，能够提供有用的信息供决策参考。在进行评估时，我们可以采用多种评估工具和方法相互印证，增加评估结果的可信度和有效性。

（二）效果评估的结果与分析

1. 效果评估的标准

在体育教育管理中，评估的结果对于了解教育活动的效果和提高教育质量至关重要。效果评估的结果需要以一定的标准进行衡量和判断。对于体育教育管理的效果评估，我们可以采用以下三个标准。

第一，参考学生的学习成绩以及体育技能的提高情况。学生学习成绩的进步和体育技能的提高是体育教育管理的核心目标之一，因此，可以通过学生的考试成绩和技能测试成绩来评估教育管理的效果。

第二，考虑学生的参与度和积极性。体育教育管理的效果还可以从学生的参与度和积极性来衡量。一个成功的教育管理系统应该能够激发学生的兴趣，提高他们参与体育活动的积极性，因此，可以通过观察学生参加体育课程和校内外比赛的情况来评估效果。

第三，综合考虑学生的身体素质和健康状况。体育教育管理还应该关注学生的身体素质和健康状况。通过对学生身体素质的测试以及健康档案的记录，可以评估体育教育管理对学生身体发展的影响。

2.效果评估的结果与分析

通过对以上标准的评估,可以得出体育教育管理的评估结果。通过分析结果,可以发现管理措施的有效性和不足之处,有助于指导将来的管理实践。例如,如果使用某种教学方法后学生的学习成绩和技能测试成绩显著提高,可以认为该教学方法是有效的。同时,如果学生的参与度和积极性也能够得到提高,学生身体状况得到改善,那么可以认为这种教育管理方法是成功的。如果评估结果显示学生的学习成绩和技能测试成绩没有明显提升,学生的参与度和积极性没有得到明显改善,甚至出现身体素质下降的情况,那么就需要对教育管理进行反思和调整。

第四章　当代体育教育管理的创新与应用

第一节　当代体育教育管理的创新

一、当代体育教育管理思维的创新

(一)当代体育教育管理思维的现状

在当今社会,体育教育管理思维面临许多挑战和变革的机遇。随着社会经济的发展和人们对健康生活的追求,体育教育的重要性日益凸显。新技术的迅猛发展和教育理念的不断创新,使体育教育管理思维面临诸多现状问题。

第一,当代体育教育管理思维的现状表现在传统教育观念的影响方面。长期以来,教育管理思维主要强调知识传授和分数导向,而忽视了学生的个性和身心发展。这种传统观念对体育教育管理产生了消极影响,使体育教育在学校课程中的地位不够重视,导致体育教育资源的匮乏和教师队伍素质不高。

第二,当代体育教育管理思维的现状表现在管理方式的单一化方面。当前,很多学校在体育教育管理上过于追求规章制度,过分注重考核评价,却忽视了学生的综合素质发展和兴趣培养。这种单一化的管理方式限制了学生的发展空间,无法激发学生的学习热情和创新能力。

第三,当代体育教育管理思维的现状反映在师资队伍建设方面。目前,体育教师队伍的整体水平不高,师资力量和素质存在不均衡的情况。一些学校在聘任体育教师时注重资历和经验,忽视了他们的专业能力和教学方法的更新。这导致了体育教育管理思维的缺乏,无法为学生提供优质的体育教育服务。

面对以上现状问题,当代体育教育管理思维需要进行创新。一是转变传统教育观念,重视学生的全面发展,注重培养学生的体育素养和兴趣。二是需要推行多元化的管理方式,兼顾规章制度与个性化教学,鼓励学生的创新和自主学习。三是建设高水平的师资队伍,注重提升教师的专业能力和教学方法的创新。通过这些创新策略,当代体育教育管理思维能够适应现代教育发展的需要,为学生提供更好的体育教育服务。

(二)当代体育教育管理思维的问题

当代体育教育管理思维面临着一系列的问题,这些问题的存在直接影响着体育教育的质量和效果。部分管理者缺乏对当代体育教育理论和方法的充分了解,对于如何运用科学的管理思维来指导体育教育工作的认识还存在一定程度的不足。这导致了管理实践与理论知识之间的脱节,影响着管理工作的科学性和有效性。

人力资源开发和管理方面存在一定的挑战。体育教师队伍是体育教育管理的重要组成部分,但是目前存在教师素质参差不齐、师资培训机制不健全等问题。由于缺乏足够的专业知识和能力,一些体育教师在教学过程中无法灵活运用不同的教育理念和方法,限制了体育教育管理的创新与发展。

体育基础设施管理的问题也是制约当代体育教育管理思维创新的因素。在一些学校和社区,体育场馆设施建设和维护工作存在不足,导致学生参与体育活动的积极性受到一定程度的限制。基础设施的规划和利用也需要更加科学、合理,以满足不同年龄段学生的需求。

体育资源管理的问题也值得关注。体育资源的配置和利用是体育教育管理中的重要环节,但在实际应用中存在一些“瓶颈”。例如,有些地区在体育设施和器材方面的资源有限,难以满足多样化的教学需求。资源配置不均衡、利用效率低下等问题也需要加以解决。

(三)当代体育教育管理思维的创新策略

在当代体育教育管理中,为了应对日益复杂的环境和不断变化的需求,创新的管理思维成为必然选择。下面我们探讨四种创新策略,以促进体育教育管理思维的发展。

第一,推行多元化的教育理念和方法。传统的体育教育管理思维往往局限于传授基本的体育技能和知识,而忽视了学生个体的差异和学习兴趣。现在,我们需要将重点关注学生的全面发展,鼓励他们参与各种体育项目,并提供多样化的教育方案。例如,引入个人目标制定和自主学习的方法,让学生在体育课堂中根据自身情况设定目标,并自主学习和训练,以提升他们的学习热情和体育技能。

第二,创新的管理思维需要加强与其他领域的合作。体育教育管理的创新不仅依赖于教育领域的专业知识和经验,还需要借鉴其他领域的经验和理念。例如,可以与心理学、社会学、管理学等领域的专家合作,共同研究和解决体育教育管理中的问题。通过跨学科的合作,可以获得更全面的视角,为体育教育管理带来新的思路和方法。

第三,应用信息技术来改进管理效率和教学质量。随着数字化时代的到来,信息技术为体育教育管理的创新提供了许多机会。例如,可以利用在线平台和教学软件来增强学生之间的交流和协作,提供个性化的学习资源和指导,以及实时监测和评估学生的学习进展。通过充分利用信息技术,可以提高体育教育管理的效率和教学质量,为学生提供更好的学习体验和发展机会。

第四,鼓励和培养体育教育管理者的创新能力和创业精神。管理者在面对复杂的管理问题和挑战时,需要具备创新思维和解决问题的能力。因此,我们应该为体育教育管理者提供培训和支持,帮助他们培养创新能力,并鼓励他们敢于尝试新的管理方式和方法。同时,还应建立创新激励机制,激发管理者的创业精神,鼓励他们积极探索和实践,以推动体育教育管理的持续创新发展。

二、体育教师队伍管理的创新

(一)当前体育教师队伍管理的现状

体育教师队伍管理在当代体育教育中占据重要的地位。目前,体育教师队伍管理面临着一些现状问题。一是体育教师队伍的数量不足,无法满足日益增长的体育教育需求。随着体育教育的普及和推广,对体育教师的需求量不断攀升,但是现有的体育教师队伍无法满足这一庞大的需求。二是体育教师队伍中普遍存在专业素质不够高的问题。一些体育教师在专业知识和技能方面存在欠缺,无法胜任教学工作,影响了教学质量和效果。三是体育教师队伍管理中存在一些管理体制不完善的问题。目前,对体育教师的选拔、培养和评估等方面缺乏科学有效的管理机制,无法实现对教师队伍的有效管理和调控。四是体育教师队伍管理还存在培训资源不足的问题。教育机构对体育教师的培训支持不够,导致体育教师无法获取及时的培训资源,无法及时更新自己的知识和技能。

为了解决当前体育教师队伍管理存在的现状,需要采取一系列创新策略。一是要加大体育教师队伍的培养力度，通过加大对体育教育专业的招生力度，培养更多具备专业素质的体育教师。二是要加强体育教师的继续教育培训，提供更多、更全面的培训资源，帮助体育教师提升自身素质和教学能力。三是要建立科学有效的体育教师评估机制，对教师的工作进行科学评估和激励，促进其专业发展和成长。四是要加强体育教师队伍管理的科学研究，推动教师队伍管理的理论探索和创新实践。

（二）体育教师队伍管理的问题

当前，体育教师队伍管理存在一系列的问题，阻碍了其有效运行和发展，具体如下。

第一，缺乏高素质的体育教师人才。传统的体育教师培养模式往往注重理论知识的传授，而忽视了实践能力和综合素质的培养。这导致许多体育教师在实际工作中无法应对各种挑战，无法有效地指导学生进行体育锻炼。

第二，缺乏良好的绩效评估体系。现行的体育教师绩效评估往往是简单粗暴的量化指标，过于注重教学积分和成绩排名，忽视了教师的创新能力和教育质量。这使教师更加关注应试教育，而忽视了学生全面发展的需求。

第三，体育教师队伍的培训机制不健全。目前，对于体育教师的培训往往是零散的、片面的，缺乏系统性和前瞻性。培训内容主要集中在教学方法、课程设置等方面，而对于教师的专业素养和教育理念的培养存在欠缺。这使得体育教师在面对多样化的教学需求时常常感到力不从心。

第四，体育教师队伍管理中的激励机制存在的问题也不容忽视。现行的体育教师激励机制多以结果为导向，关注学生成绩和比赛成绩，而忽视了教师的个人发展和职业成长。这使体育教师缺乏积极性和创造性，难以发挥出他们的潜力。

（三）体育教师队伍管理的创新策略

在当前体育教师队伍管理中，面临着许多问题和挑战。为了有效地应对这些问题，并推动体育教育管理思维的创新，我们需要采取一系列的创新策略。

1. 优化体育教师的选拔机制

体育教师是体育教育的中坚力量，他们的素质直接关系到体育教育的质量水平。因此，我们需要建立科学合理的选拔机制，从专业技能、教育背景、教学经验等方面全面评估体育教师的能力和潜力，确保选拔出合适、优秀的体育教师人才。

2.加强体育教师的培训和发展

体育教师需要不断提升自己的专业水平和教育管理能力。因此，我们应建立完善的培训体系，为体育教师提供持续性的培训机会，如教学方法的更新、教育理论的学习、管理技能的提升等，以不断提高体育教师的教学水平和综合素质。

3.建立合理的激励机制

激励机制是激发体育教师积极性和创造力的重要保障。我们应根据体育教师的工作质量和教学成果，制定相应的激励政策，如薪酬待遇、晋升机制、荣誉表彰等。这样可以激发体育教师的工作热情，提高他们的工作积极性和创新意识。

4.加强体育教师队伍的团队建设

团队建设是保证体育教师队伍协同工作和共同发展的关键。我们应促进体育教师之间的交流与合作，通过建立教研组、开展教学案例分享、定期组织教学交流活动等，打破学科与学科之间的壁垒，使全体体育教师的共同成长和进步。

三、体育基础设施管理的创新

（一）当前体育基础设施管理的现状

当代体育基础设施管理在不断发展和创新中，但仍存在一些问题。一是我国体育基础设施建设不平衡，一些发达地区的体育设施相对齐全，而一些欠发达地区则存在基础设施严重不足的问题。这导致了体育资源的不均衡分配，人们在享受体育设施带来福利的同时存在地域差异。二是部分体育基础设施的管理仍然存在粗放和低效的现象。许多体育场馆仅仅在大型比赛和活动时才被充分利用，平时闲置或者只是被用于简单的日常训练，这既浪费了资源，也限制了体育基础设施发挥更大的作用。三是一些基础设施管理中的经验和机制也亟待创新。现有的管理模式多数还是依赖于传统的手动管理，缺乏信息化手段的运用和科学的管理理念。这导致了管理的效率不高，难以满足体育需求的多样化和个性化。

针对以上问题,我们需要进行体育基础设施管理的创新。一是应该加大投入,加强基础设施的建设,并且着眼于地区间的均衡发展,提高人民享受体育福利的机会。二是在管理层面,应引入先进的信息化技术,建立完善的信息管理系统,实现对体育场馆设施的全面监控与运营管理。三是要推广智能化管理手段,利用大数据、云计算等技术,提高管理的精细化水平。

创新也需要激发广大人民群众的积极性和主动性。开展社会参与的运营模式,引入社会力量参与体育基础设施的管理,既可以增加社会资源投入,又可以提高管理的效能。

(二)体育基础设施管理的问题

体育基础设施是支撑体育教育和体育发展的重要保障,它的管理直接关系到体育事业的发展水平和质量。然而,当前体育基础设施管理存在一些问题,亟待解决。

第一,体育基础设施建设与需求之间存在不匹配的问题。随着体育事业的发展和人们对健康生活的需求增加,对体育设施的需求也在大幅度增长。然而,体育基础设施建设的投资和规划却没有跟上需求的增长速度,导致体育场馆、运动场地等设施的供给不足,无法满足广大人民群众参与体育活动的需求。

第二,体育基础设施管理存在资源浪费和使用效率低下的问题。一方面,一些体育基础设施的建设和维护费用高昂,但由于管理不善和使用不当,导致资源的浪费。另一方面,由于管理体制不健全,一些体育场馆和运动场地没有得到有效的利用,长期处于闲置状态,无法发挥其应有的作用。

第三,体育基础设施管理面临着设施保养和维修不及时的问题。由于设施的日常保养和定期维修工作没有得到足够的关注和投入,导致一些设施出现了老化、损坏甚至无法正常使用的情况。这不仅影响了体育基础设施的使用效果,还给用户带来了安全隐患。

针对这些问题,需要采取一系列的创新策略来改善体育基础设施管理的状况。一是政府部门应加大对体育基础设施建设的投入,提高设施的供给量,确保设施的数量和质量能够满足需求。二是建立健全的体育基础设施管理体制,明确管理责任,提高资源的利用效率,避免资源的浪费。三是加强设施的保养和维修工作,确保设施能够长期稳定运行,减少故障和安全问题的发生。

为了验证上述创新策略的可行性和效果,可以进行实验和案例研究。通过实验可以模拟和验证新的管理策略在实际运行中的效果，同时也可以分析已有的体育基础设施管理的成功经验和失败教训，进一步深化对创新策略的理解和应用。

（三）体育基础设施管理的创新策略

在当前体育教育管理中，体育基础设施管理问题日益凸显，亟待创新策略来解决。针对体育基础设施管理的创新，以下提出四点策略仅供参考。

1. 加大资金投入

体育基础设施的建设和维护需要大量的资金支持，而过去的投入相对不足，导致很多设施的老化和损毁。因此，我们应该加大资金投入，增加设施的建设和更新，提升管理的品质和水平。

2. 加强技术支持

随着科技的进步，应用新技术在体育基础设施管理中能够发挥重要作用。例如，利用智能化系统实现对设施的自动监控和维护，采用先进的材料和技术来提高设施的耐久性和安全性。加强技术支持，可以有效提升管理效率和设施使用体验。

3. 优化管理模式

传统的体育基础设施管理模式往往存在短板，需要进行创新和优化，因此，可以引入专业的管理团队，建立健全的管理体系，明确责任和权力，提高管理效率和效果。也可以借鉴其他行业的管理模式和经验，进行适应性创新，使管理更加科学和高效。

4. 加强与社会力量合作

体育基础设施管理需要多方合作共同完成。政府、学校、社区、企事业单位等应加强合作，形成合力。通过与社会力量的合作，可以更好地整合资源，提高管理能力，实现共赢。

（四）实验与案例研究

在体育基础设施管理的创新中，通过实验和案例研究，我们可以更加深入地了解当前体育基础设施管理存在的问题，并寻找创新的策略。下面介绍一些具体的实验和案例研究，以期能够为体育基础设施管理的创新提供一些借鉴和启示。

第一，进行实验来研究体育基础设施管理的创新策略。通过模拟真实的管理环境，我们可以评估不同策略的效果和影响，从而找到最优的管理方案。例如，在一个模拟的体育场馆管理场景中，可以设定不同的管理策略，如预约系统改进、设备管理的优化等，然后通过实验来比较不同策略的效果。通过实验结果的分析和总结，我们可以得出一些对于体育基础设施管理创新具有指导意义的结论。

第二，借鉴其他地区或机构的成功案例，通过案例研究来寻找体育基础设施管理的创新策略。通过对其他地区或机构的成功案例进行深入研究，我们可以了解到一些先进的管理理念和实践经验。例如，某个城市的体育场馆管理非常高效，可以通过深入研究其管理策略和做法，来为其他地区的体育基础设施管理提供借鉴和参考。

四、体育资源管理的创新

（一）当前体育资源管理的现状

在当代社会，体育资源管理成了一项重要的任务。然而，当前体育资源管理面临着一系列的挑战和问题。一是体育资源的供给不平衡。一些地区的体育设施和资源相对匮乏，无法满足广大人民群众的需求。二是体育资源的利用效率不高。由于管理体制和机制的不完善，很多体育资源没有得到充分利用，造成资源的浪费。三是体育资源的质量不均衡。有一些体育设施存在安全隐患和质量缺陷，不能提供安全和优质的体育环境。四是体育资源的管理手段和方式相对落后。传统的体育资源管理方式依赖于纸质档案和人工管理，效率低且容易出现错误。

面对这些问题，我们需要进行体育资源管理的创新。一是借鉴现代科技手段，引入信息化管理系统，实现对体育资源的全面监管和管理。二是可以通过建立电子档案、智能化设备和云端平台，提高管理效率和准确性。三是需要加强与相关部门和机构的合作，优化体育资源的配置和分配。四是通过资源整合和共享，能够实现资源的合理使用和高效利用。五是要完善体育资源评估与监督机制，建立长效的管理机制。六是通过定期的评估和监督，能够及时发现问题和改进措施，提高体育资源的质量和安全性。七是应该加强人才队伍建设，培养专业化的体育资源管理人员。因为体育资源管理需要专业的知识和技能，只有具备专业背景的管理人员，才能更好地进行体育资源的管理和运营。

（二）体育资源管理的问题

在当代社会中，体育资源管理面临着一系列的问题，这些问题不仅影响着体育事业的发展，也对体育教育管理思维的创新提出了挑战。

第一，体育资源的不均衡分布是一个突出的问题。在某些地区，体育资源相对丰富，拥有先进的体育设施和优秀的教练团队，而在其他地区，却面临着资源匮乏的困境，缺乏必要的体育设施和专业的教师队伍。这种不平衡的现象导致体育资源的浪费和不公平的体育机会分配，阻碍了全民健身的普及。

第二，体育资源管理缺乏科学化和规范化。在管理体育资源时，往往缺乏科学的计划和有效的监控手段。没有建立起明确的目标和指标体系，导致资源的使用和管理难以评估和控制。管理体育资源的规范化程度也不够高，存在管理制度不完善、管理流程不清晰等问题，影响了资源管理的效率和效果。

第三，体育资源管理面临生态环境的压力。随着人们对体育运动的需求不断增加，对体育场馆和场地的需求也越来越大。然而在城市化进程中，土地资源紧张，供给与需求之间的矛盾日益突出。如何在有限的土地资源上合理规划和布局体育场馆，保护生态环境，就成了一个亟待解决的问题。

第四，体育资源管理存在信息不对称的问题。在资源管理过程中，信息的获取和传递缺乏透明度和及时性，导致决策者无法准确了解资源的使用情况和管理效果。信息不对称不仅影响了决策的科学性，还容易产生不合理的资源配置和管理偏差。

针对体育资源管理面临的这些问题，需要创新管理思维，推动体育资源管理的进一步发展。例如，可以通过建立健全的资源平衡机制，加强跨区域间的资源互补与共享，促进体育资源的均衡发展。同时，加强科学化规划和评估，完善管理制度和流程，提高资源管理的效率和效果。加强信息化建设，建立全面准确的资源信息数据库，提升资源管理的科学性和透明度。

（三）体育资源管理的创新策略

体育资源管理的创新是为了解决当前体育资源管理中存在的问题，提高资源利用效率，推动体育事业的发展。在制订创新策略时，需要充分考虑体育资源的特点与需求以及现代管理理念的引入。

1.制定规范的资源分配政策

通过建立科学、公平、透明的资源分配机制，确保体育资源的合理配置。这一政策要求明确资源使用的准则与原则，根据各方面需求确定资源的分配比例，并建立健全的资源管理监督机制，使资源的使用与管理更加规范化。

2.借鉴先进的信息技术手段，加强体育资源管理的创新

运用信息化手段，可以实现对体育资源的全面监测与评估，提高资源使用的透明度和效益。通过建立信息平台，体育资源的供需信息可以得到及时传递和共享，减少资源浪费，提高资源的利用率。

3.推动多元化的资源共享合作

这意味着与相关领域进行深度合作，共同开发和利用体育资源。例如，在体育基础设施管理中，可以与当地教育部门、社会团体、企业等合作，实现共享场地、设施和设备等资源。同时，还可以与文化、旅游等领域进行资源整合，打造体育＋文化、体育＋旅游等产业链，推动资源的综合利用和价值提升。

4.加强人才培养与管理

通过建立完善的人才培养体系和人才激励机制，吸引更多优秀的管理人才参与到体育资源管理中来。加强对体育人才的培训和培养，提高他们的专业素养和管理能力，为体育资源的良好管理提供坚实的人力支持。

第二节　智能化技术驱动的体育教育管理创新

一、智能化技术概述

（一）定义与特性

智能化技术是指通过计算机科学、人工智能等现代信息技术手段，使系统具

备某种程度的感知、分析、决策和学习能力，从而实现更加智能地进行操作和应对变化的能力。智能化技术具有以下四个主要特性。

智能化技术具备感知能力。通过传感器、摄像头等设备，智能化系统能够获取周围环境的信息，并从中提取有用的数据与信号。这种感知能力使得智能化系统能够对外界变化做出及时的响应。

智能化技术具备分析能力。借助数据处理、模式识别等算法，智能化系统能够对收集到的数据进行分析和处理，从中发现规律、提取特征，并为后续的决策提供依据。这种分析能力使得智能化系统能够更加准确地理解和解读信息。

智能化技术具备决策能力。通过智能算法、推理模型等方法，智能化系统能够根据分析结果作出合理的决策。这种决策能力使得智能化系统在面对复杂的问题时能够作出快速而准确的决策，提高工作效率和质量。

智能化技术具备学习能力。通过机器学习、深度学习等技术手段，智能化系统能够从大量的数据中学习和积累经验，并不断优化自身的性能。这种学习能力使得智能化系统能够逐步提高自身处理问题的能力，更好地适应环境的变化。

（二）主要类型及应用领域

在智能化技术的应用领域中，涉及多种不同的类型。以下将介绍其中一些主要类型以及它们在体育教育管理中的应用。

虚拟现实（Virtual Reality，VR）技术是一种通过模拟真实环境来创建沉浸式体验的技术。在体育教育管理中，VR 技术可以被用于训练模拟和技能提升。通过穿戴 VR 设备，学生可以身临其境地感受不同的运动场景，从而提高他们的感知能力和反应速度。

增强现实（Augmented Reality，AR）技术是一种将虚拟信息叠加到现实世界中的技术。在体育教育管理中，AR 技术可以用于实际操作的指导和技术分析。例如，通过 AR 眼镜，教练可以实时了解运动员的动作并提供实时反馈，有助于改善技术细节和精确度。

人工智能（Artificial Intelligence，AI）技术是一种基于智能算法和模型的技术，用于模拟和实现人类智能行为。在体育教育管理中，AI 技术可以被用于数据分析和学生评估。通过收集和分析大量的运动数据，AI 可以提供个性化的训练计划和反馈，帮助学生更好地理解自己的优势和改进空间。

机器人技术也是智能化技术的一种重要类型。在体育教育管理中，机器人可以被用于模拟比赛和训练合作。通过与机器人合作,学生可以提高团队协作意识和战术思维能力。

除了以上几种主要类型,智能化技术还包括数据分析、云计算等多种类型。这些技术在体育教育管理中的应用领域也非常广泛。通过运用智能化技术,体育教育管理可以实现个性化教学、数据驱动决策和训练效果评估等。这将提升体育教育的质量和效率,为体育教育管理带来全新的发展机遇。

二、智能化技术在体育教育管理中的应用

(一)在教育方式中的应用

智能化技术在体育教育管理中的应用领域繁多,其中之一便是在教育方式中的应用。现代化的体育教育需要适应不同学生的学习需求与特点,以此创造更加个性化的教育环境。智能化技术的引入为体育教育管理带来了全新的方式。

基于智能化技术的虚拟现实教学成为一种重要的教育方式。通过虚拟现实技术,学生能够身临其境地体验各种不同的体育运动项目,无论是足球、篮球还是游泳,学生都可以在虚拟环境中亲身感受运动的真实性和乐趣。这种方式不仅拓宽了学生的体育知识广度,也提升了学生的运动技能与操控能力。例如,学生可以在虚拟游泳场景中学习正确的游泳动作,并通过模拟比赛提升竞技水平。虚拟现实技术的应用让传统体育教学变得更加生动、趣味,也能激发学生对体育运动的兴趣。

智能化技术在体育教育方式中的应用还包括个性化学习系统。通过学习分析和数据挖掘,智能化系统可以了解学生的学习特点和需求,为每个学生量身定制学习计划。学生可以根据自己的兴趣和能力选择适合自己的体育项目,并按照个人的学习进度进行学习。个性化学习系统不仅提高了学生的学习效果,也激发了他们的学习动力和参与度。学生的学习成果可以得到及时的反馈和评价,从而帮助他们更好地发现自己的优点和不足,进一步提高自己的体育素养。

智能化技术还为体育教育方式提供了更多互动性和参与性的可能。例如,基于智能化技术的远程教学使得学生可以通过网络参与到实时的体育教学中,学习与其他同学互动、共同完成各种体育项目。学生可以通过智能设备与其他学生进行远程对战、竞技,提高自己的竞技水平。这种体育教育方式不仅促进了学生之

间的合作与交流，也培养了学生的团队精神和竞争意识。

（二）在教育评估中的应用

1. 数据收集与分析

智能化技术在教育评估中的应用主要体现在数据收集与分析方面。在传统的体育教育评估中，往往需要手动记录学生的成绩、参与度和体能情况等数据，不仅费时费力，还容易造成数据的不准确和遗漏。而利用智能化技术，可以快速、准确地收集和分析各项数据。

智能化设备如传感器、运动手环等可以实时监测学生的运动数据，通过记录学生的跑步步数、心率等指标，可以更客观地评估学生在体育教育中的参与度和运动水平。智能化学习平台还可以生成学生的学习轨迹和学习模式，通过分析学生在学习过程中的表现，可以评估学生的学习效果和学习态度。

2. 个性化评估与反馈

智能化技术在教育评估中的应用还体现在个性化评估与反馈方面。传统的评估往往只能给出整体的评价，无法针对学生个体的差异进行评估和辅导。而借助智能化技术，可以实现个性化的教育评估与反馈。

通过智能化学习平台和算法模型，可以根据学生的学习情况和特点，为每个学生提供个性化的评估和学习建议。例如对于擅长足球射门的学生，可以提供更多的射门能力训练和反馈；对于弱项在传球的学生，可以提供针对性的传球技巧练习和指导。个性化的评估与反馈可以更好地满足学生的学习需求，提升学生在体育教育中的训练成效和积极性。

3. 教育管理与决策支持

智能化技术在教育评估中的应用还可以为教育管理者提供更好的决策支持。传统的教育评估往往只能提供少量的数据和整体的评估结果，无法提供详细的分析和决策支持。而智能化技术可以对大量的数据进行分析和挖掘，为教育管理者提供更全面、客观的决策支持。

通过智能化学习平台，教育管理者可以获取学生的学习成绩、参与度、体能状况等多方面的数据。这些数据能够帮助管理者了解学生的整体情况，及时发现问题和风险，并采取相应的教育管理措施。同时，智能化技术还可以根据数据的分析结果，提供针对性的教育改进建议，帮助管理者优化教育资源的分配和利用。

（三）在教育资源管理中的应用

在智能化技术的发展与应用进程中，教育资源管理也迎来了创新与改变。智能化技术在体育教育管理中的应用，尤其在教育资源管理方面，具有显著的优势和驱动作用。

智能化技术为教育资源的智能化管理提供了技术基础。通过物联网、大数据分析、云计算等技术手段，教育资源的采集、存储、传输和共享得以实现。比如，智能化教室的应用可以实时监测资源的使用情况，如教学设备的使用频率、玩具和器材的消耗情况等，从而为资源的可持续管理提供参考依据。

智能化技术提供了便捷、高效的教育资源管理方式。通过智能化系统或平台，教育资源的分类、编码和管理变得更加简单和便捷。智能化技术能够实现资源的自动化管理，如自动化清单、自动化统计等，极大地提高了教育资源管理的效率。这不仅在体育场馆的设备管理中发挥着重要作用，还能够为学生提供丰富的学习资源，并促进教育资源的共享与交流。

智能化技术拓展了教育资源的使用范围和方式。传统上，教育资源主要集中在学校，学生需要到学校才能使用。但是，随着智能化技术的应用，教育资源的使用不再受限于时间和空间。学生可以通过智能设备，随时随地地使用教育资源，比如在线教育平台、虚拟实境等。这为学生提供了更多自主学习的机会，丰富了教育资源的使用方式。

智能化技术在教育资源管理中的应用，还能够提高资源的安全性。通过智能化系统的监控和管理，教育资源的安全得到有效的保障。例如，智能化技术可以实现设备的追踪和管理，加强对资源的安全监控和防范。同时，智能化技术还可以为资源的维修和更新提供及时的反馈和支持，从而延长资源的使用寿命。

三、智能化技术对体育教育管理的驱动作用

（一）提高教育效率的驱动作用

智能化技术的应用在体育教育管理中具有显著的驱动作用，其中之一是提高

教育效率。智能化技术的引入使体育教育管理变得更加高效和便捷,从而提高教育的效率。

智能化技术为体育教育管理提供了更精确、更及时的数据支持。通过智能设备的使用,可以实时监测和记录学生的身体素质、运动表现以及课堂参与情况等信息。这些数据的准确获取和分析,有助于教师能更好地了解学生的学习状况,从而能更有针对性地进行教育和指导。通过智能化技术的数据管理和分析,教师还能快速获得学生的学习差距和问题所在,并及时采取相应的教学策略,从而有效提高学生的学习效率。

智能化技术的应用使学习资源更加广泛和便捷。传统的体育教育管理往往依赖于有限的教材、教具和场地等资源,而智能化技术的出现打破了这种限制。借助互联网和智能设备,学生可以随时随地获取丰富的学习资源,通过在线教学平台进行学习和互动。教师也可以通过网络平台和教育应用软件共享教学资源和教学经验,使得体育教育管理的资源更加广泛和公开化,从而提高了教育的效率。

智能化技术的应用还推动了学习方式的多元化和个性化发展。通过智能设备和教育应用软件的使用,学生可以选择适合自己的学习方式和学习内容,更好地满足个体差异的需求。智能化技术还能根据学生的学习情况进行智能化评估和反馈,为学生提供个性化的学习指导,从而激发学生的学习兴趣,提高学习效率。

(二)优化教育资源配置的驱动作用

优化教育资源配置是智能化技术在体育教育管理中的一项重要驱动作用。通过智能化技术的运用,可以实现更加精准和高效的教育资源配置,从而提高教育资源的利用效率,满足体育教育的需求。

智能化技术可以帮助学校和教育机构更好地了解学生的需求和特点,从而根据其个性化的需求进行资源配置。通过数据的分析和挖掘,智能化系统可以对学生进行全方位的评估,包括其兴趣爱好、学习能力、潜在潜力等,进而根据这些信息将合适的资源分配给相应的学生。例如,智能化系统可以根据学生的特长和倾向来分配体育课程,促进他们在体育方面的发展。

智能化技术可以帮助提高资源的利用效率,减少资源的浪费。通过智能化系统的协同和调度,可以实现体育场馆、器材、教师等资源的最优配置和利用,避免资源的空闲或重复使用，从而提高整体教育资源的利用率。智能化系统还能够根据实际需要和资源可用性来进行排课和时间安排，避免资源的冲突和浪费。

智能化技术还可以引入外部资源，丰富体育教育的内容和形式。通过与外部机构、企业等的合作，智能化系统可以将更多的优质教育资源引入学校和教育机构，丰富教学内容和方法。例如，学校可以通过智能化平台与专业体育俱乐部合作，让学生接触到更多高水平的训练和竞技资源，提高他们的体育水平和素质。

（三）提升教学质量的驱动作用

在体育教育管理中，智能化技术扮演着不可或缺的角色，尤其在提升教学质量方面发挥着重要的驱动作用。通过智能化技术的应用，教学质量能得到显著的提升。

智能化技术通过创新的教育方式和教学手段，使得教学过程更加生动有趣。传统的体育教育往往依赖于讲授知识和演示技巧，缺乏互动和个性化的教学体验。而借助智能化技术，教师可以利用多媒体教学、交互式教学和虚拟实境等手段，将教育内容生动呈现，激发学生的兴趣和参与度。这种方式不仅使学生更容易理解和掌握知识，还能够提升他们的动手能力和实践能力，从而提高教学效果。

智能化技术能够提供个性化的学习辅助，满足不同学生的学习需求。每个学生都有不同的学习风格、节奏和问题。传统的课堂教学无法满足每个学生的需求，容易导致一些学生学习困难。而智能化技术的个性化学习系统可以根据学生的特点和需求进行定制化的教学。通过智能化学习系统，学生可以根据自己的学习进度和能力进行针对性学习，随时获取所需的学习资源和教学指导，提升学习效果。

智能化技术在教学评估和反馈方面起到了关键的作用。传统的体育教育评估往往依靠教师主观评价或者简单的考试成绩，难以全面客观地评价学生的学习情况。而利用智能化技术，可以采用更科学、客观的评估方法。例如，通过智能化传感器和运动捕捉技术，可以精确地测量和分析学生的运动状态、动作技巧以及身体素质等。教师可以根据这些数据进行个性化的评估和指导，针对学生的不足之处进行有针对性的辅导和训练，从而提升教学质量。

智能化技术还可以促进学生参与体育教育的积极性和主动性。通过智能化技术的引入，学生可以更加积极地参与到体育教育中，主动探究和学习。例如，利用智能化设备和应用，学生可以自主完成练习和训练，记录自己的学习成果和进步。这种参与度的增加不仅能够提高学生的学习动力，还有助于他们形成良好的学习习惯和自我管理能力。

（四）引导教育创新的驱动作用

智能化技术在体育教育管理中具有显著的引导教育创新的驱动作用。智能化技术为教育创新提供了强有力的支撑。通过引入智能化技术，可以打破传统教学模式的限制，创造出更加灵活多样的教学形式和环境。例如，在体育教育管理中，传统的教学模式往往是以教师为中心的知识传授，而智能化技术则可以提供沉浸式学习体验，让学生在虚拟现实环境中进行体育技能的实践与探索，从而激发学生的学习兴趣和动力。

智能化技术使得教育创新变得更加个性化和人性化。每个学生都有其独特的学习特点和需求，而智能化技术可以根据学生的个性化需求进行智能化诊断和指导。在体育教育管理中，智能化技术可以根据学生的身体素质、运动能力、兴趣爱好等个体差异，为每个学生量身定制出适合其发展的训练计划和教学内容。这不仅可以提高学生的学习成效，还可以增加学生的学习动力和自信心。

智能化技术还可以促进教育创新的协同合作。在传统的教育模式下，学校、教师和学生之间的合作相对较为有限，故教育资源和信息流通不畅。而智能化技术的应用，则可以实现教育管理中不同角色间的协同合作。在体育教育管理中，智能化技术可以建立学生、教师和家长之间的信息共享平台，使得教育管理过程更加透明和高效。通过该技术可以将学生的学习情况及时反馈给教师和家长，教师和家长也可以通过互动平台来与学生进行沟通和交流，实现多方合作共同促进学生的发展和教育创新。

四、智能化技术在体育教育管理中的优势

（一）大数据应用的优势

大数据应用在体育教育管理中具有诸多优势，为教育管理者提供了更多数据支持和决策依据。大数据应用可以帮助教育管理者深入了解学生的学习情况和特点。通过大数据分析，可以追踪学生的学习轨迹、课堂表现以及个人兴趣偏好等信息，为教育管理者提供更准确的学生画像和特征分析。基于这些数据，教育

管理者可以更有针对性地制订教学计划,推动个性化教学的实施。

大数据应用在体育教育管理中有助于发现学生的潜能和优势。通过对大数据的挖掘和分析,可以发掘学生在体育领域的潜在才能和优势。比如,某学生可能在某项体育项目上表现出众,但在其他项目上相对欠缺。通过发掘学生的个人特点和发展潜力,教育管理者可以有针对性地提供培训和指导,帮助学生发挥出更好的体育潜力和素质。

大数据应用还可以提升教育管理的效率和精确度。在以往的教育管理中,往往需要花费大量时间和人力进行统计和分析。而通过大数据应用,这些烦琐的工作可以自动完成,极大地提高了教育管理的效率。同时,大数据应用还能够准确地监控学生的学习进展和成绩表现,及时发现问题和风险,帮助教育管理者作出相应的调整和干预,确保教育质量的提升。

大数据应用还可以促进教育管理和资源的有效配置。通过对大数据的分析,可以了解学生的需求和资源利用情况,进而合理分配教育资源,优化资源配置。例如,通过分析学生的学习习惯和喜好,可以有针对性地推送适合的学习材料和教学内容,提高学习效果。同时,教育管理者也可以利用大数据分析结果,评估教育项目和活动的效果,为未来的教育决策提供参考依据。

(二)个性化教学的优势

个性化教学是智能化技术在体育教育管理中的一项重要应用,它具备许多独特的优势和潜力。个性化教学可以根据学生的不同特点和学习需求,量身定制教学内容和学习路径。通过智能化技术,教育者可以获取学生的个人学习数据和表现,进而提供个性化的学习资源和教学方式。这种定制化的教学可以更好地激发学生的学习兴趣和动力,提高学习效果和满意度。

个性化教学能够更好地满足不同学生的学习需求和能力水平。在传统的教学模式下,教育者往往只能按照固定的教学进度和内容来进行教学,难以照顾到每个学生的个体差异。而通过智能化技术,个性化教学可以根据学生的学习进展和能力水平,提供相应的教学资源和策略,帮助学生充分发挥自己的潜力。无论是学习困难的学生还是学习进步较快的学生,都能够得到适合自己的教育方式。

个性化教学也可以促进学生之间的协作与共享。通过智能化技术的支持,教育者可以实现学生之间的交流和互动,促进学生之间的合作学习。例如,学生可以通过在线平台共享学习笔记、课堂作业和学习心得,相互学习和互帮互助。这种协作学习的方式可以培养学生的团队合作能力和社交能力，提高学生的学习效果和整体素养。

个性化教学也有助于教育的可持续发展。通过智能化技术的应用，教育者可以对学生的学习情况进行实时监控和评估，及时调整教学策略和内容，以适应教育的变化和发展需求。个性化教学还可以收集和分析学生的学习数据，为教育管理者提供参考和决策依据，推动教育质量的提升和教育改革的深化。

（三）教育公平性的提升

体育教育管理中，智能化技术的应用不仅为教学和管理带来了便利，还对教育公平性的提升起到了重要作用。智能化技术的引入使得教育资源的分配更加公平合理，消除了传统教育中可能存在的人为偏见和其他不公平因素。

智能化技术通过数据的分析和挖掘，实现了教育资源的公平分配。以往，教育资源的分配受到学校地理位置、财政状况等因素的制约，导致一些地区或学校的教育资源相对匮乏。通过智能化技术的大数据分析，可以了解各个地区和学校的实际需求，实现资源的均衡配置。例如，根据大数据分析的结果，可以明确教育资源投放的重点领域和目标学校，促进教育公平性的实现。

智能化技术为个性化教育提供了支持，提供了平等的教育机会。传统的教学模式往往采取一刀切的方式，忽视了学生个体差异的存在。而智能化技术可以根据学生的个体需求和能力水平，量身定制教学计划和教学内容，使每个学生都能够在适合自己的环境中进行学习。这样，不同学生之间的差距就会逐渐缩小，教育公平性得到了有效增强。

智能化技术的应用还为教育质量监控提供了有效手段，增加了教育的公平性和透明度。通过智能化技术的教育质量监测系统，可以实时监控学生的学习情况、教师的教学质量以及学校的管理效果等。这样，教育管理者就可以及时发现和解决教育中的不公平现象，进而提高教育质量的公正性和公平性。

（四）教育质量监督的优化

教育质量监督在体育教育管理中起着至关重要的作用。智能化技术的应用为教育质量监控带来了显著的改变，进一步提高了教育质量的管理水平。智能化技术可以实时收集、分析和反馈学生的学习数据。通过记录学生的学习情况、成绩表现等信息，可以及时发现学生存在的问题，为教育质量的监督提供准确和全面的依据。

1. 智能化技术可以构建个性化的评估体系

传统的教育质量监督往往采用固定标准和普遍适用的评估方法，忽视了学生的个体差异。而智能化技术能够根据学生的个性特点和学习需求，制定相应的评估标准和教学方案，实现个性化的评估和监督，更好地满足学生的学习需求。

2. 智能化技术的应用可以提高教育质量监督的效率和准确性

传统的教育质量监控需要大量的人力和物力投入，而智能化技术的应用可以实现自动化数据收集、分析和反馈，大大节省了教育资源的消耗。同时，智能化技术能够基于大数据分析和机器学习算法，提供更准确、客观的评估结果，避免了主观因素对教育质量监控的干扰。

3. 智能化技术的应用可以促进教育质量监督的持续改进和优化

通过对教育质量数据的长期跟踪和分析，智能化技术可以发现教育质量中的潜在问题和改进空间，为教育管理者提供科学的决策依据。同时，智能化技术的应用还可以促进教育质量监督的信息共享和交流，使各个教育机构之间可以相互借鉴和交流学习，共同提高教育质量监督的水平。

第三节　数字化技术在体育教育管理中的应用

一、数字化技术概述

（一）数字化技术的定义与特性

数字化技术是一种基于数字数据和计算机技术的信息处理工具，它能将现实世界中的各种信息以数字形式进行存储、传输、处理和展示。与传统的模拟技术相比，数字化技术具有多样性、高效性和可复制性等特点。因此，在不同领域得到了广泛应用。

数字化技术具有多样性。它不仅可以处理文字、图像、声音等常见的信息，还能够处理多媒体、虚拟现实等更复杂的信息。例如，通过数字化技术，我们可以将图画转换成数字图像，并在计算机上进行编辑和处理，实现图像的复制、放大、旋转等操作，使得图像处理变得更加方便和灵活。

数字化技术具有高效性。传统的模拟技术往往需要耗费大量时间和精力进行数据的处理和分析，而数字化技术可以通过计算机的高速运算和数据存储功能，快速地完成复杂的数据处理任务。例如，在体育教育管理中，通过数字化技术，可以快速地收集和分析学生的体能测试数据，评估学生的身体素质水平，并制订相应的体育训练计划。

数字化技术具有可复制性。数字化技术能将信息以数字形式存储，无限制地进行复制和传输。这使得数字化技术在教育管理中具有了更广阔的应用前景。例如，在体育教育管理中，可以通过数字化技术将优秀运动员的训练经验进行录制和存储，然后通过网络或其他手段进行传播，让更多的学生和教练受益。

（二）数字化技术的发展历程

数字化技术的发展历程是一个不断演进和创新的过程。从最初的计算机技术到现在的智能手机、物联网、云计算等技术的蓬勃发展，数字化技术已经深入改变了我们的生活方式和工作方式。在体育教育管理领域，数字化技术的发展同样经历了多个阶段。

早期的数字化技术主要通过计算机来实现数据的存储和处理。在体育教育管理中，学校和教育机构开始使用计算机软件来管理学生、教师、设备等方面的信息。这种数字化技术的应用让体育教育管理更加高效和方便，提升了管理效率和数据准确性。

随着互联网的普及和发展，数字化技术进一步改革了体育教育管理的模式。学生和教师可以通过互联网平台进行在线交流和学习，教育资源的共享和传播也更加便捷。数字化教学平台的出现，使得学生可以自主选择学习内容和规划学习进度，提高个性化教育的实施效果。

接下来，移动互联网的普及推动了数字化技术进一步发展。智能手机的普及使得学生和教师可以在任何时间、任何地点进行学习和教学活动。移动应用程序的出现提供了更多的学习和管理工具，例如运动监测和健身计划等的应用，帮助学生和教师更好地提升体育教育的效果。

在人工智能和大数据技术的推动下，数字化技术在体育教育管理中迎来了更加广阔的应用前景。通过数据分析和智能算法，可以对学生的学习和训练过程进行精确监测和评估，并提供个性化指导和反馈。这种数字化技术的应用将有效推动体育教育管理的升级和创新。

(三)数字化技术的应用领域

数字化技术作为一种先进的技术手段，被广泛应用于各个领域。在体育教育管理中，数字化技术也发挥着重要的作用。下面将从四个方面介绍数字化技术在体育教育管理中的应用。

数字化技术在体育教育管理中的应用领域之一是数据管理与分析。通过数字化技术，我们可以方便地收集、存储、分析运动员和教练员的数据信息。例如，运动员的身体素质数据、训练计划和成绩记录可以通过数字化手段进行统一管理，使其更加准确、及时、方便地被管理者所使用和分析。数字化技术还可以通过数据分析和挖掘，提供对训练和比赛细节的深入理解，帮助教练员进行科学合理的决策，提高训练的效果和比赛时的竞争力。

数字化技术在体育教育管理中的应用领域还包括教育资源的共享与交流。通过数字化技术，教育资源可以进行数字化存储和共享，使得资源的获取和利用更加方便高效。例如，教师可以将优秀的教学案例、经验和资源通过数字平台进行分享，其他教师可以随时获取并借鉴，以提升自己的教学水平。学生也可以通过数字化技术与老师和同学进行在线交流、分享学习经验、讨论问题，促进学习的互动和合作。

数字化技术在体育教育管理中的应用领域还包括训练与竞赛的辅助工具。通过数字化技术，可以开发出各种训练和竞赛的辅助工具，以提高训练和比赛的质量和效果。例如，通过虚拟现实技术，可以创造出仿真的训练场景，使得运动员能够在更真实的环境中进行训练。数字化技术还可以为运动员提供实时的技术指导和反馈，帮助他们更好地理解和改善自己的技术动作。

数字化技术在体育教育管理中的应用领域还包括管理流程的优化和效率提升。通过数字化技术，可以对体育教育管理的各个环节进行自动化和智能化的处理，提高管理流程的效率和准确度。例如，通过数字化技术，可以实现对教学和训练计划的自动排班和调整，减少了烦琐的人工操作和管理工作，提升了管理效率。同时，数字化技术还可以对教练员和运动员的表现进行实时监测和评估，及时发现问题和进行调整,使得管理更加科学和精细。

二、数字化技术在体育教育管理中的应用

(一)数字化技术优化体育教育管理模式

数字化技术在体育教育管理中的应用日益显著,为优化体育教育管理模式提供了新的思路和手段。数字化技术的广泛运用,不仅使得体育教育管理更加高效和便捷,同时也为体育教育管理模式的创新带来了巨大的潜力。

数字化技术提供了更加精确和全面的数据支持,可以为体育教育管理决策提供更加科学和准确的依据。通过数字化技术收集和分析学生的身体素质数据、运动成绩和心理状况等信息,可以更好地了解学生的特点和需求,从而有针对性地制订教育方案和管理策略。例如,通过学生的个体化体测数据,可以精确评估学生的运动水平和发展潜力,为学生提供个性化的训练计划和指导。同时,数字化技术还可以实时跟踪学生的学习情况和参与度,帮助教师及时调整教学内容和方式,以提高学生的学习效果和兴趣。

数字化技术为体育教育管理模式的创新提供了广阔的空间。通过数字化技术的应用,可以构建和完善线上线下相结合的教育管理体系。例如,借助虚拟现实技术,可以创造出真实的运动场景,使学生可以身临其境地参与体育训练和比赛,提高训练的趣味性和效果。数字化技术还可以推动体育教育资源的共享和整合,促进不同学校和地区间的交流和合作。通过在线平台和数字化教材,学生可以随时随地获得优质的教育资源,实现个性化学习和终身学习的目标。

在数字化技术优化体育教育管理模式的过程中,也面临着一些挑战和问题。例如,信息安全和隐私保护是数字化技术应用的重要考量因素。在收集和存储学生个人信息时,必须加强数据保护和权限控制,避免信息泄露和滥用。同时,数字化技术的应用需要教师具备相应的技术和专业知识,如此才能更好地运用数字化工具和平台进行管理和教学。因此,培养具备数字化技术素养的体育教师和管理人员是数字化技术在体育教育管理中的一个重要任务。

(二)数字化技术提升体育教育效率

数字化技术在体育教育管理中的应用不仅注重体育教育模式的优化,还致力

于提升体育教育的效率。通过数字化技术，体育教育管理者能够更加便捷地进行教学计划的制订、学生信息的管理以及教学评估的实施，从而为体育教育的高效运行提供有力支撑。

数字化技术使得教学计划的制订更加灵活高效。传统的教学计划编制过程通常需要耗费大量的时间和精力，但通过数字化技术，教师和管理者可以利用教务管理系统或其他相关软件，根据实际情况快速进行课程编排。数字化技术还可以将教学资源进行分类整理和共享，教师可以快速获取到各种教学资源和教学素材，极大地提升了教学计划的制订效率。

数字化技术提供了高效的学生信息管理工具。传统的学生信息管理通常需要手工录入和整理，工作量大且容易发生错误。而采用数字化技术，在学生信息管理方面，可以利用学籍管理系统、电子学生档案和学生信息化平台等工具，实现对学生档案、学籍、课程成绩等信息的自动化管理和统一查询。这样，体育教育管理者能够实时获取学生的信息，并对其进行全面、准确的综合评估，从而为学生提供更加个性化的教育服务。

数字化技术还提供了多种评估工具和方法，促进教学评估的科学化和精细化。通过数字化技术，管理者可以在教育过程中采集大量的教学数据，并进行统计分析和评估。例如，利用体育教育信息系统和虚拟实验室等工具，可以对学生的体育技能、运动状态和学习情况进行全方位的监测和评价。这种个性化的评估方式不仅可以更好地指导学生的学习进程，还提供了有力的数据支撑，为教育决策提供了参考依据。

（三）数字化技术在体育教育中的实践案例

数字化技术在体育教育管理中的应用不仅停留在理论层面，更在实践中展现了强大的推动力。本节将通过一些实践案例，探讨数字化技术在体育教育中的具体应用。

1. 利用智能穿戴设备来进行学生运动数据的采集与分析

通过给学生佩戴智能手环或智能手表等设备，可以实时监测学生的运动量、心率、消耗热量等数据。这些数据通过连接到云端平台，可以被教师、学生和家长共同查看和分析。教师可以根据学生的数据情况进行个性化的运动方案指导，提供科学的训练建议和调整。学生和家长也可以通过查看数据了解自己的运动情况，增强积极参与和主动管理的意识。这种数字化技术的应用不仅提升了学生的参与度和积极性，也为体育教育管理提供了更多的科学依据。

2.运用虚拟现实技术来提供身临其境的体育教学体验

通过使用虚拟现实头盔和手柄等设备，学生可以身临其境地体验各种体育项目，如足球、篮球、乒乓球等。虚拟现实技术可以模拟真实的运动场景，让学生在虚拟环境中进行训练和比赛，提供个性化的反馈和引导。这种数字化技术的应用不仅让学生获得更加生动和直观的体育教学体验，也为教师提供了更好的教学手段和工具。

3.利用移动应用来促进学生的自主学习和参与

通过开发移动应用，学生可以随时随地获取到与体育教育相关的知识和资源。这些移动应用可以提供学生的训练计划、锻炼视频、战术分析等内容，让学生可以自主进行学习和训练。同时，学生也可以通过移动应用进行体育项目的在线交流和比赛参与，与其他学生进行竞争和共同进步。这种数字化技术的应用不仅拓宽了学生的学习和交流渠道，也培养了学生的自主学习能力和团队合作能力。

三、数字化技术对体育教育管理的推动

（一）体育教育管理的数字化改革

随着数字化技术的不断发展和普及，为体育教育管理带来了翻天覆地的改变。数字化改革的目标在于利用先进的技术手段来提高体育教育管理的效率和效果，使其更加科学化、精细化。数字化改革将体育教育管理从传统的人工操作转变为信息化、智能化的模式，为体育教育管理带来了新的发展机遇。

在数字化改革的背景下，体育教育管理实现了从手工记录到电子记录的飞跃。传统的体育教育管理常常需要人工进行大量的数据记录和处理，工作效率低且容易出现错误。而通过数字化技术，体育教育管理可以实现数据的快速记录、存储和分析，极大地提高了管理的精确度和时效性。例如，通过数字化管理系统，教师可以方便地记录学生的体测成绩和训练情况，学生和家长也可以随时查看相关数据，这不仅减轻了教师的工作负担，也增强了学生和家长的参与感。

数字化改革还为体育教育管理带来了全新的教学方式和工具。以现代化的数字化设备为支撑，体育教育可以借助虚拟现实技术、数据分析技术等创新手段，实现教学内容的丰富和教学过程的互动性。例如，通过VR虚拟现实技术，学生可以身临其境地体验各种运动项目，增强学习的趣味性和参与度。而通过数据分析技术，教师可以针对学生的实际情况进行个性化的教学指导，提高教学效果。

数字化改革还促进了体育教育管理与其他领域的融合。数字化技术的快速发展带来了信息时代的背景、体育教育管理需要与信息技术、网络技术等紧密结合，实现跨领域的融合和共享。例如，在数字化管理系统中，可以实现教学资源的共享和交流，不同学校之间可以互相借鉴和分享教学经验和资源。数字化技术还可以将体育教育管理与大数据、人工智能等技术结合起来，为体育教育管理提供更加智能化的支持，提升管理的水平和效果。

(二)数字化技术推动体育教育创新

数字化技术作为一种强有力的工具，对于体育教育的创新起到了重要的推动作用。数字化技术为体育教育提供了更加广泛的学习资源和渠道。通过数字化平台，学生可以随时随地获取相关的体育教育资料、教学视频等，从而拓宽了知识的来源，提升了学习的便利性和自主性。同时，数字化技术还为教师提供了更多的教学资源和教学工具，如教学软件、交互式教材等，这些工具的应用使得体育教育更加生动有趣，激发了学生的学习兴趣和积极性。

数字化技术推动了体育教育的教学方式和教学模式的创新。传统的体育教育往往以教师为中心，注重学生的体能训练和技能培养，忽视了学生的兴趣和个体差异。而数字化技术的应用，使得体育教育可以更好地满足学生的个性化需求。例如，通过数字化技术可以实现个性化的训练计划和技能评估，针对每个学生的特点和需要进行有针对性的教学。数字化技术还可以提供全新的教学方式，如虚拟现实技术、增强现实技术等，使得学生能够身临其境地体验到各种运动场景，提升了教学的趣味性和实效性。

数字化技术在体育教育管理中的应用，为教育管理带来了新的机遇和挑战。数字化技术的运用，使得教育管理更加高效和精准。通过数据分析和挖掘，可以实现对学生的学习情况、健康状况等方面的监测和评估，为教育决策提供科学依据。数字化技术还可以实现教育资源的共享和管理，促进了教育资源的优化配置和合理利用。数字化技术的推动也带来了一些挑战，如信息安全和隐私保护等问题亟待解决。因此，在数字化技术推动体育教育创新的我们也要加强对数字化技术的规范和监管，确保其在教育管理中的良性运用。

（三）数字化技术提升体育教育科学管理水平

在数字化技术的推动下，体育教育管理正迎来一次重大的转型。数字化技术的广泛应用为体育教育管理带来了巨大的便利和创新。数字化技术的运用使得体育教育管理更加科学化和精细化。通过数字化平台，管理者可以更加准确地获取体育教育数据，并对其进行分析和评估。这种精确的数据分析为决策提供了科学的依据，从而提高了体育教育管理的效率和质量。

数字化技术的应用使得体育教育管理更加个性化。传统的体育教育管理往往是以整体的方式进行，而数字化技术的应用可以实现对个体的精细管理。通过数字化平台，管理者可以根据每个学生的特点和需求进行个性化的教育计划和管理措施，提供更好的个体发展支持。这种个性化的管理方式不仅可以满足学生多样化的需求，还可以激发学生的主动性和创造性。

数字化技术的推动还为体育教育管理带来了更多的创新。数字化技术不仅可以提供多样化的教学资源和工具，还可以实现线上、线下的协同合作。通过数字化平台，可以进行远程教学、虚拟实验和在线讨论，打破了时间和空间的限制，提供了更加灵活和丰富的学习模式。同时，数字化技术还可以应用于教练员的培训和选拔，提高教练员的专业水平和素质。

数字化技术的推广面临一些挑战和问题。首先是技术设施和人员的支持。数字化技术的应用需要先进的硬件设施和专业的人员支持，而目前在一些地区和学校还存在技术设施不完善和人员素质不高的问题。其次是数据安全和隐私保护。数字化技术的应用涉及大量的个人和教育数据，如何保护数据安全和隐私成为一个重要的问题。数字化技术的应用还需要与传统的教育模式和管理制度进行有效的整合和创新。

为了克服这些挑战，应加强数字化技术的普及和推广，通过配备先进的设施和培养专业的人员来支持数字化技术的应用。同时，应加强数据安全管理，建立完善的隐私保护机制。还需要加强传统教育模式和数字化教育模式的结合，整合资源和创新管理方式，为体育教育管理的数字化发展提供更加坚实的基础。

四、数字化技术在体育教育管理中的实施

(一)实施数字化技术的策略与方法

数字化技术在体育教育管理中的应用已经成为一种趋势,然而,要实施数字化技术需要有明确的策略与方法。下面将探讨实施数字化技术的策略与方法,以帮助更好地应用数字化技术来提升体育教育管理效果。

明确目标是实施数字化技术的第一步。我们需要明确数字化技术在体育教育管理中的具体应用目标,如提高学生参与度、优化教学资源管理、提升教师专业素养等。通过明确目标,可以更好地选择适合的数字化技术,并制定相应的策略。

选择合适的数字化技术工具与平台是至关重要的。在市场上,有许多数字化技术工具和平台可以选择,如在线课堂平台、数据分析软件等。我们需要根据具体的需求和目标,选择适合的工具与平台,确保其能够满足在体育教育管理中的实际需求。

制定详细的操作流程和标准也是非常重要的。数字化技术的实施需要清晰的操作流程和标准,以确保每个环节都能够顺利进行,并达到预期效果。例如,在线课堂平台的操作流程可以包括开设课程、布置作业、批改作业等步骤,而每个步骤都需要明确的标准和规范。

培训师资队伍也是数字化技术实施的关键。教师需要具备一定的数字化技术操作能力和教学能力,才能更好地运用数字化技术进行教学和管理工作。因此,培训师资队伍,提升教师的数字化技术,是数字化技术实施的重要环节。

建立有效的监测和评估机制也是数字化技术实施的必要步骤。通过建立监测和评估机制,我们可以及时发现问题并采取相应的措施。例如,可以通过数据分析来监测学生参与度的提升情况,并据此调整教学策略。

(二)数字化技术实施的难点与解决方案

数字化技术在体育教育管理中的实施是一个复杂而具有挑战性的过程。尽管数字化技术为体育教育管理带来了许多好处,但在实施过程中也存在一些困难和问题需要解决。

一个主要的难点是技术设备和基础设施的完善。实施数字化技术需要相关

的硬件设备和软件系统的支持。这需要大量的资源，包括网络设施、计算机设备、数据存储和处理设备等。在资源有限的情况下，确保各个环节的设备和设施的正常运行和协调配合是一个重要的挑战。

数字化技术在体育教育管理中的应用需要专业的知识和技能支持。教师和管理人员需要掌握相关的数字化技术知识和技能，以便正确地使用和操作相关系统和设备。然而，由于数字化技术的快速发展和更新换代，不断学习和更新知识成为一个长期且不可忽视的任务。这对于既有教职员工的培训和提升以及新员工的招聘和培养都提出了一定的要求。

数字化技术在实施中还存在数据安全和隐私保护的问题。随着数字化技术的广泛应用，涉及的数据越来越多，其中包括学生的个人信息和教育记录等。保护这些数据的安全和隐私成为一个重要的关注点。确保数据的加密安全和存储的安全性，以及合规性的管理和使用是一个需要注意的难点。

针对这些难点，我们可以采取一些解决方案来促进数字化技术的有效实施。加大对技术设备和基础设施的投入和建设。通过建立健全网络和设备系统，为数字化技术的实施提供必要的硬件和软件支持。加强对教职员工的培训和知识更新。建立专业的培训机制，提升教职员工的数字化技术能力，包括对最新技术的研究和应用能力的提升。再者，制定严格的数据安全和隐私保护政策。建立有效的数据管理机制，保护学生和教职员工的隐私和个人信息安全。同时，建立合规性的监管和管理机制，确保数字化技术的使用合法合规。

(三)数字化技术实施的效果评估

在体育教育管理中，数字化技术的实施对于提高教学效果和管理水平具有重要作用。为了客观评估数字化技术在体育教育管理中的效果，需要进行有效的评估工作。本节将从三个方面对数字化技术的实施效果进行评估。

第一，我们可以从教学效果方面进行评估。数字化技术的应用能够提供更加丰富、生动的教学资源，激发学生的学习兴趣，并提升他们的学习参与度。因此，我们可以通过观察学生的学习表现、听取学生的反馈等方式来评估数字化技术对于教学效果的影响。例如，可以通过学生的考试成绩、作业质量、课堂互动等指标来衡量数字化技术在教学中的作用。

第二，我们可以从管理效果方面进行评估。数字化技术的应用可以提高管理效率和准确性，帮助管理者更好地收集、分析和利用数据。因此，在数字化技术实施后，我们可以通过比较不同时间段的管理数据，如学生参与活动的数量、运动项目的开展情况等，来评估数字化技术对于管理效果的改善程度。也可以通过问卷调查、访谈等方式了解管理者和教职工对于数字化技术的评价和体验，从而评估其在管理方面的实际效果。

第三，我们可以从学生的发展方面进行评估。数字化技术的实施可以提供更多个性化的学习资源和教学方法，帮助学生发掘潜能和培养综合素质。因此，我们可以通过学生的学习兴趣的增长、自主学习能力的提升、身体素质的改善等方面来评估数字化技术对于学生发展的影响。例如，可以进行学生的体能评估、社交能力的观察等方式来评估数字化技术在学生发展方面的作用。

参考文献

[1]吴彩芳.校园体育教育改革与文化建设研究.[M].北京:中国原子能出版社,2021.

[2]覃雪芹."互联网+"背景下体育教育发展新思路.[M].长春:吉林人民出版社,2021.

[3]黄洪波,尹岳,李峰.高职体育教学与科学训练实践[M].北京:中国华侨出版社,2020.

[4]仵美阳.大学体育与健康[M].武汉:华中科学技术大学出版社,2021.

[5]田雪文.现代信息技术下高校体育教学改革的审视[M].长春:吉林出版集团股份有限公司,2021.

[6]刘满.现代高校体育健康教学理论与发展新探[M].北京:北京工业大学出版社,2021.

[7]秦纪强.新时代中国高校体育俱乐部制研究[M].合肥:安徽大学出版社,2021.

[8]李金玲.现代体育教学改革与信息化管理[M].北京:新华出版社,2020.

[9]杨欢,于东洋,綦彬彬.高校体育教学改革与科学化训练研究[M].北京:九州出版社,2020.

[10]张丽梅.体育教育的多维研究与训练.[M].北京:中国纺织出版社,2019.

[11]张敏青.大学体育训练教育理论与实践[M].北京:中国原子能出版社,2020.

[12]马健勋.高校体育教学与科学训练[M].北京:北京工业大学出版社,2023.

[13]王薇,黄德彬,轩志刚.球类项目教学与运动训练[M].长春:吉林人民出版社,2021.

[14]钟贞奇.大学生体育健康与体育运动[M].长春:吉林人民出版社,2020.

[15]谭润芳,余昭炜.大学体育教程[M].武汉:华中科技大学出版社,2019.